入选理由

程社明，管理学博士，著名职业生涯规划师，职业生涯几十年，创造了一个从初中文化的普通工人到博士企业家的职业生涯奇迹。他是“职业生涯开发与管理”理论及其方法的探索者、实践者、传播者和推广者，被誉为“中国职业生涯规划的先驱”。

中国名家如是说寒冬丛书编委会

名家如是说寒冬
系列丛书

这个寒冬怎么过？
著名职业规划师程社明如是说：

提高员工素质
与企业共同发展

程社明◉著

世界知识出版社

图书在版编目(CIP)数据

提高员工素质 与企业共同发展 / 程社明著.—北京：世界知识出版社，2014.10

ISBN 978-7-5012-4733-2

I.①提… II.①程… III.①企业-职工-素质-研究

IV.①F272.92

中国版本图书馆CIP数据核字（2014）第211541号

全程策划 唐人易和
责任编辑 张永椿 刘建华
责任出版 刘 喆
封面设计 唐人祥

书 名 提高员工素质 与企业共同发展
Tigao Yuangong Suzhi Yu Qiye Gongtong Fazhan

作 者 程社明

出版发行 世界知识出版社
地址邮编 北京市东城区干面胡同 51 号（100010）
电 话 010-65265923（发行） 010-85119023（邮购）
网 址 www.wap1934.com
经 销 新华书店
印 刷 北京市天宇万达印刷有限公司印刷
开本印张 710×1000 毫米 1/16 12 印张
字 数 128 千字
版次印次 2015 年 1 月第一版 2015 年 1 月第一次印刷
标准书号 ISBN 978-7-5012-4733-2
定 价 48.00 元

序言
PREFACE

中国经济在经历了十多年的飞速发展后不可避免地进入了放缓周期。环顾全球所有经济体，几乎都处于经济下行过程当中，全球经济进入寒冬。

帮助中国企业走出困境，帮助企业员工实现人生价值，帮助企业和员工找到利益的最佳结合点，实现共赢，成为我多年来专注职业生涯规划研究的第一使命。

几十年来，我在指导中国众多企业及个人成长的实践过程中，亲临一线，发现了企业提供的职业路径和员工的职业生涯存在不一致的问题。

作为一名职业生涯规划师，近年来我一直在思考，中国企业和员工该如何应对经济寒冬？答案是：应该加强企业内部职业路径开发与管理和企业成员职业生涯开发与管理。企业内部职业路径开发与管理，需要经过六个步骤，即规、理、分、颁、通、审，目的是为企业人才成长铺建职业通路。企业成员职业生涯开发与管理针对内职业生涯做三件事，即测、定、学；针对外职业生涯做三件事，即干、评、发。目的是企业让人才在职业路上成长。

本书是一本非常实用的管理类著作，当然，在观念和内容上可能还不完全成熟，但这一定是基于我多年的研究和实践，从客观角度得出的最中肯的结论。企业竞争的实质是人才的竞争，企业应该批量培养优秀的职业人。从这一点来看，经济寒冬下，企业和员工应该同心协力，共同面对这一严峻的经济形势，努力帮助企业脱离困境。

本书旨在加强寒冬中企业和员工内功的修炼。寒冬不是骤然降临的，也许困难比我们想象的还要多，但可以肯定，那些坚持“冬练”，善于捕捉机遇顺势发展壮大的企业和员工，一定会迎来市场的明媚春天。因此，本书核心观点和结论的价值在于帮助寒冬中的企业和员工坚定信念，度过寒冬，迎接美好明天。

在整理书稿中，我发现这其实是一种整理自己记忆的过程，更是一个分享自己经验的过程。希望大家能从中受益。

在此，我要感谢出版界的朋友们。能顺利完成这本书，得益于他们的支持和帮助！

程社明

2014年8月

目录
CONTENTS

第一篇

全球经济进入寒冬的背景及趋势

中国经济在经历了十多年的飞速发展后不可避免地进入了放缓周期。中国公布宏观经济数据的时候，环顾全球所有经济体，环顾几乎所有周期性行业，都处于经济下行过程当中。全球经济进入寒冬。

第二篇

企业和员工该如何应对经济寒冬

企业竞争的实质是人才的竞争，也就是职业人的竞争。企业除了要提供好的产品、好的服务，还应该批量培养优秀的职业人。在经济寒冬时，企业和员工谁也躲不过，企业和员工更应该同心协力，共同面对这一严峻的经济形势，努力帮助企业脱离困境。

第三篇

冬天来了，春天还会远吗

寒冬不是骤然降临的，有偶然也有必然。也许冬天比我们准备的还要长，也许困难比我们想象的还要多，但可以肯定，那些坚持“冬练”，善于捕捉机遇顺势发展壮大的企业和员工，在春天到来时，一定会成为市场竞争的“新英雄”。

第一篇 全球经济进入寒冬的背景及趋势

中国经济在经历了十多年的飞速发展后不可避免地进入了放缓周期。中国公布宏观经济数据的时候，环顾全球所有经济体，环顾几乎所有周期性行业，都处于经济下行过程当中。全球经济进入寒冬。

第一章 全球经济长期下行的趋势没有改变

全球金融危机爆发已经6年了，但世界经济仍然没有完全恢复，面临着金融危机后遗症的许多严峻挑战，其中首当其冲的就是，包括欧元区国家、美国、日本等国在内的发达国家经济的持续低迷不振。2014年，全球经济和金融充满了不确定性。根据最新发布的《2013年世界经济形势与展望》报告，世界经济增长在2012年明显下滑，增长幅度仅为2.2%，不仅低于2011年2.7%的增长率，更是远低于2010年4.0%的增长水平。

>>> 第一节 全球经济继续下行，全球贸易环境恶化

一、多数经济体增长放缓

2012年世界经济复苏道路坎坷。欧债危机恶化使本已脆弱的经济复苏态势再陷困境，发达经济体经济增长率持续下滑，新兴市场

和发展中经济体增速放缓。财政紧缩、金融动荡、市场脆弱令投资、就业、制造等很多经济指标无好转迹象。

2013年，全球经济仍处于低速复苏阶段。新的增长力和增长区域尚未形成；货币政策和财政政策界限模糊、银行和政府之间相互依赖、公共部门和私人部门相互避责，不仅扭曲各自原本的责任和目标，还将加剧世界经济的不稳定。美国经济相对强势对于维持全球经济信心仍起重要作用。但美国经济命陷“财政悬崖”威胁，若有闪失，全球经济信心将受到较大冲击。新兴市场经济体受制于政策瓶颈、长期风险、增长疲惫、资本外流和金融不稳定，作为经济引擎的动力不足。欧债危机对欧洲乃至世界经济的拖累呈现常态化，短期内难以全面改善。这些因素都会影响投资者信心和金融市场稳定，全球金融市场再度出现动荡的可能性仍然较大。

从总体上看，国际金融危机影响继续，世界经济复苏艰难曲折，不稳定不确定因素较多，下行风险依然存在。

二、个人消费低迷

据英国《金融时报》报道，市场调查显示，受全球经济衰退影响，世界各地居民的家庭收入锐减，导致全球消费低迷。

尼尔森市场调查公司早在2008年就对全球52个国家的2.6万人的消费方式进行调查。调查显示，为应对全球经济衰退，人们购买家用产品和娱乐消遣的方式已与往日大不相同，开始转向廉价商品和室内娱乐，这一趋势预计会持续几年。

近半数受访者说，他们正尝试省钱，比如减少下馆子的次数，少买新衣服。同时，超过三分之一的受访者表示已经开始选择廉价的日用品。

尼尔森市场调查公司营销业务副总裁詹姆斯·拉索认为，这种消费趋势极有可能因消费者信心下降而加强。

几年过去了，经济寒冬的丝丝凉意仍未完全退去，消费者们纷纷捂紧了口袋，越来越多的人开始削减出行购物活动，在生活开支减少的同时少花钱多办事，既降低生活成本，又保持生活品质，成为人们追求的生活方式。事实表明，在全球经济发展走弱的背景下，受经济低迷影响，如今网购已成为了众多国内网民“新省钱守则”中的一部分。

三、通货膨胀仍居高位

根据英国《金融时报》文章：纵观全亚洲和很多新兴经济体，央行行长们都需要采取先发制人的措施控制通胀。很多新兴经济体的难题是它们不敢加息，因为担心会吸引更多资金流入；但是如果利率保持低位，会导致国内信贷增长及未来的通胀。

新兴经济体的通胀需要严肃对待，很多新兴经济体正处于经济周期中遭遇通胀和贸易问题的阶段。通胀的冲击可能来自食品和能源价格，对这些产品的需求是由新兴经济体推动的。

相较之下，西方经济体的中央银行需要抵御的政治压力则是：用通胀推动更强劲经济增长并消除债务。西方央行可能也会面临同样棘手的难题，西方货币政策成为缓冲器，它只能做到这么多，不能解决根本问题。

尽管西方需求乏力，全球经济依然在增长，其中一些是通胀，但主要是来自新兴经济体需求的真实增长。

四、就业形势未见明显改观

国际劳工组织在日内瓦发布2013年度全球就业趋势报告称，2013年全球失业率为6%，失业人口为2.02亿，就业形势无改观。

国际劳工组织总干事盖伊·赖德在当天举行的记者会上说，全球经济形势的不确定性以及部分国家在应对经济危机所采取的不适当政策削弱了消费需求，阻碍了投资和就业发展，使得这些国家的就业危机仍在持续，甚至一些以往失业现象并不严重的国家也受到就业危机的波及。

赖德指出，人们预期的全球经济复苏并未如期而至，高企的失业人数未能下降，今年全球失业人口将达2.025亿，失业率为6%，今后五年全球失业者总数可能突破2.1亿。

赖德强调，欧洲经济萧条对全球经济造成不利影响，欧元区国家采取不合时宜的货币和预算政策，金融形势每况愈下，加之主权债务影响，这些因素加剧了全球经济复苏的不确定性，进而阻碍全球投资增长和就业形势的改观。

报告称，全球目前有3.97亿劳动者还处于极度贫困的状态，另有4.72亿劳动者无法满足自身基本生活需求。

第二节 世界经济运行中存在的主要问题及对中国经济的影响

2012年世界经济复苏步履蹒跚。经济增长在低位徘徊，发达经济体、新兴市场与发展中经济体都面临不同程度的发展困境。2013年世界经济形势依然错综复杂、充满变数，世界经济低速增长态势仍将持续，各种形式的保护主义明显抬头，潜在通胀和资产泡沫的压力加大，世界经济已由危机前的快速发展期进入深度转型调整期。

一、世界经济运行中存在的主要问题

1. 欧债危机深层问题仍未解决

联合国全球经济监测中心主任洪平凡博士指出，欧元区经济和债务危机在2012年继续恶化。欧元区目前陷入了包括银行与政府资产负债之间的恶性循环，财政紧缩政策与经济衰退之间的恶性循环在内的几大恶性循环，其经济和债务危机进一步恶化的可能性仍然是世界经济在此后面临的主要风险。整个欧洲经济的状况实际上是非常悲观的，同时显然拖累了世界其他国家的经济增长。

2. 世界各国协同支持经济增长困难重重

全球通胀仍处于高位，制约着货币政策进一步放松；主权债务形势又制约着进一步的财政刺激措施出台。各国利益诉求差异较大，货币政策的调控方向也不同。这都增加了世界各国协同支持经济增长的困难度。

3. 全球资本异常流动扩大

全球资本异常流动扩大。欧洲信贷紧缩和欧债危机损失拨备导致资本向发达国家回流，使亚洲金融市场面临欧洲撤资压力。各国货币政策走向差异导致国际资本流向经济增长较快、利率较高的经济体；金融风险上升又导致国际避险资金流向美国、德国和日本国债市场。发展中国家股市近期已经历了国际资本的大进大出。

4. 贸易环境恶化

全球贸易环境恶化。由于世界经济复苏缓慢，经济萎缩的风险加大，失业率居高不下，全球需求减少。经济下行风险加大对国际贸易环境造成的巨大压力，贸易保护主义再次抬头，各国纷纷采取货币贬值、提高关税、进口限制、补贴及技术贸易壁垒等手段保护本国产业。

二、世界经济问题对中国的影响

世界经济问题对中国的影响具体表现为以下几个方面：

1. 全球经济放缓拖累我国经济增长

欧债危机、全球金融市场动荡和全球经济持续放缓将拖累中国经济增长。主要表现在：一是全球经济增长乏力，制约中国货物出口稳定增长；二是国际服务贸易受到严重冲击，中国的国外净收入将减少；三是外商直接投资可能产生较大波动。

2. 汇率对抗令人民币汇改面临困难

汇率对抗再度升温，人民币汇改面临困难。自2005年汇率形成机制改革到现在，人民币持续升值，累计升值幅度已超过30%，对中国出口企业产生了较大影响。在全球需求疲弱的形势下，各国竞相贬值本国货币，汇率成为国际贸易争夺的重要工具，中国的主要贸易伙伴继续逼迫人民币升值，人民币汇率改革面临新的压力。

人民币汇改近九年来，汇率更加接近均衡水平，弹性空间也逐渐增强。但是，当前人民币面临的挑战也使得进一步推进改革的需求更为迫切。今年以来，在中国经济增速下行和经济结构调整的双重压力下，人民币面临的两难矛盾更为突出，当前，应进一步推动人民币汇率市场化改革，逐步化解人民币面临的困境。

3. 贸易摩擦持续增加

贸易摩擦是指在国际贸易中，国与国之间在进行贸易往来的过程中，在贸易平衡上所产生的，一般是一国的持续顺差，另一国的逆差，或一国的贸易活动触及或伤害另一国的产业。

中国加入世贸组织以后，融入世界经济的速度加快。随中国经济与国际经济融入度不断加大，反倾销、反补贴等国际贸易中的“刚性”壁垒不时冲击中国，使之进入经贸摩擦频发时代。它说明中国的融入对已有的国际经济产生了冲击，也说明贸易伙伴已经开始利用世贸规则来应对中国的挑战。这恰恰证明了中国在世界贸易中已经占有举足轻重的地位。

4. 国际资本异常流动造成冲击

全球资本异常流动扩大，既有流入，也有流出，并且数量庞大。一方面国外资本为了套取息差和获取人民币升值收益，会流入国内市场，对国内货币政策的有效性造成较大冲击；另一方面国外资本的大量撤资，会冲击中国经济运行环境，对经济稳定增长造成不良影响。

第二章 中国经济告别“高增长”时代

>>第一节 经济增速放缓，企业利润与居民收入下滑

一、经济下行的压力和产能过剩的矛盾

中国经济面临着众多的困难和挑战，经济下行的压力和产能过剩的矛盾有所加剧。中国经济现在增长下行，增长下行影响财政收入；增速下行还将影响企业利润；经济下行也影响居民收入，要做到城乡居民收入的增长要和国民经济的增长同步。

据中经产业景气指数显示，工业经济依然面临下行压力，造成工业经济景气指数持续下行的客观原因是欧债危机蔓延和国际市场需求减弱，但产能过剩带来的不利影响也不能忽视。煤炭、钢铁、水泥、有色金属等产能过剩行业不仅下行的幅度更大，而且固定资产投资的力度更小，复苏的步伐更慢。如果不是因为这些行业拖后腿，经济下行的压力会小得多，经济复苏的步伐也会更快。

什么叫产能过剩呢？世界公认的一个数字就是产能利用率小于75%就是严重过剩，像风电设备制造，光伏电池，多晶硅，都属于产能过剩，其中风电设备制造的利用率只有67%，光伏电池57%，多晶硅只有35%，都属于产能严重过剩。甚至以上还有大量在建和拟建的项目，所以产能过剩的矛盾日益加剧。

目前产能过剩行业可以分为三个类型：总量性过剩、结构性过剩、成长性过剩。总量性过剩是指整个行业的生产能力已经绝对超过了市场需求和发展需要；结构性过剩是指中低端产品严重过剩，可是高端产品还不够，还需要依赖进口，比如玻璃行业；成长性过剩是指没有掌握技术就盲目过分扩张，但这类过剩可以随着技术水平的提升和市场需求的开拓使产能过剩的矛盾得到缓解，比如光伏电池，多晶硅等。

我国现在诸多领域都是生产能力过剩，比如钢铁行业亏损；不但是传统产业产能过剩，就是新兴产业，比如风力发电亏损。显然化解产能过剩这是摆在我们面前的一个重大的任务，但是要是化解产能就必然损失一定的经济增长速度，我们现在恰恰是经济下行压力增大。

事实上，有关钢铁、水泥、煤炭等行业产能过剩的问题，早就引起了有关方面的注意。特别是钢铁和水泥两个行业，相关部门早就已经出台调控政策，并对其产能进行了约束。但若干年后，这两大行业的产能过剩问题不仅没有得到有效解决，反而更加严重，矛盾更加突出。一个很重要的原因是，房地产市场的无序发展带来了这两个行业的虚假繁荣，从而使这两大行业产能过剩矛盾被暂时掩盖。随着国家对房地产市场调控力度的不断加大，加上国际和国内经济形势的变化，两大行业产能过剩的矛盾已经无法掩盖，也无法再按照现状维持下去。

在经济下行的过程中，许多被掩盖的产能过剩的矛盾都已经被充分暴露出来。产能过剩不仅对整个产业结构调整有重要的影响，而且对当前经济复苏也是极为不利的。它给能源、资源、生态环境和社会经济带来严重的危害：造成资源利用率低下，加剧了土地、资源、环境的承载压力，造成了资源严重的浪费，环境污染的加剧；导致市场供过于求，加剧了企业的恶性竞争，使企业效益下降甚至亏损；潜伏着风险和危机，由于企业借银行的钱还不了，银行的呆坏帐就会增加，进而引发金融风险，同时企业歇业停产会有大量员工失业，进而影响社会的稳定。因此，这些矛盾是否能得到及时有效的解决，不仅直接影响到经济复苏，而且对今后经济结构调整、经济增长方式转变、经济运行质量提高和促进社会稳定也有重要的影响。

二、基数变大，每增一个点要花更多气力

在中国经济目前的条件下，同样数量的资源要素投入，一方面很难获得过去那样的高产出，另一方面资源的现实约束也越发明显。若一味强求增速，则又走上高投入、高损耗、高成本的老路。美国诺贝尔经济学奖得主迈克尔·斯宾塞认为，在确保宏观经济平稳运行基础上，让中国经济适当减速，更加注重质量和效益，是明智之选。

数据显示，2003年中国人均GDP为1087美元，2012年这一数字已增长到6100美元。“显然，中国经济基数已经很高了，每增长一个百分点所需花费的力气就更大，这也意味着要消耗更多资源，这是中国资源、环境所不允许的。”潘建成说。

产能过剩在短期内难以缓解，这需要工业经济真正实现创新驱动，加大化解产能过剩力度。中国高速经济增长时代的结束，可能带来一个更加环保的地球和更加均衡的全球经济，那肯定是十分可喜的。

三、企业利润与居民收入下滑

从零售到房地产，从电信到航空航天，各行业都普遍感受到业务下滑和利润减少之苦。经济增长相对轻度地放缓，但企业利润的下滑幅度大得多。

经济寒冬下，中国企业利润空间受到严重挤压，普遍陷入利润增长下滑的困境。应该讲，企业利润增速大幅下滑是与PPI(生产者物价指数)持续下行趋势相符合的，价格周期和利润周期呈现出同步性特征。人们一定会问，PPI持续下降，企业生产成本压力减轻，应该有助于企业增加盈利，为什么情况反而恶化呢?

从短期看，当前的产能过剩是上一轮经济周期推动的扩张性投资，在经济危机的冲击下，表现为严重的产能过剩。

事实上，从长期看，是企业产业结构不合理、增长方式粗放，缺乏市场竞争力。市场环境宽松的时候，企业转方式、调结构的愿望和动力都不强，随着国际国内经济增速下滑，需求疲软，成本上升必然导致企业利润大幅下滑，很多行业都面临着全产业链的重大调整。

国家统计局新闻发言人、国民经济综合统计司司长盛来运在新闻发布会上公布2013年上半年经济运行情况回答记者提问时表示，上半年居民收入增速回落源于外部趋紧的经济形势和农产品价格增速的放缓。城镇居民收入增速回落主要是两方面的原因：一是因为工资性收入增长的速度在回落，经济下行期企业的效益有所下滑，所以大家工资性收入的增速在回落。二是因为城镇居民从结构来看，经营性收入增长速度回落的幅度也不小，主要也是因为外部的经济环境趋紧，企业的利润有所下降造成的。农民收入增长速度的回落主要是由于农产品价格增速放缓，部分农产品价格甚至出现了下降所带来的。

>>>第二节 未来几年中国经济的发展趋势

世界经济前景展望趋于谨慎，具体表现为世界经济增速将回落，全球通胀仍处高位，国际贸易增长将放缓，失业率居高不下。人们普遍担心中国经济的增长前景，更期待拉动中国经济增长的新动力出现。未来5-10年，中国经济增长的新动力究竟来自何处？五因素将成中国经济增长新动力。

目前中国经济正处于结构调整、增长模式转变和寻找增长新动力的关键时期，如在相关领域着力推动改革和调整，中国经济将在新的增长路径上实现可持续发展。中国经济增长的新动力将来自包括投资和消费在内的国内需求增长、民营和中小微企业发展、全要素生产率的提高、战略新兴产业和服务业的壮大以及中西部地区的赶超。

第一，全球主要发达国家经济处于轻度衰退或缓慢复苏之中，很有可能在今后几年处于个位数的较低增长。如此一来，中国经济增长将主要依靠国内投资和消费拉动。

伴随人口老龄化趋势加剧，政府在教育、卫生、医疗等社会保障领域投入力度的加大，中国的总储蓄率将有所下降而居民消费的比重将有所上升，消费对经济增长的贡献率将逐步上升并超过投资的贡献率。为挖掘消费需求潜力、提高消费对经济增长的拉动作用，除加快户籍制度改革和收入分配制度改革外，政府还应继续加大对就业、教育、卫生、医疗、养老等社会保障领域的投入力度，加强对消费者权益的保护，改善消费环境和消费秩序，让更多的中低收入居民有能力消费，无后顾之忧消费，实现包容性增长、共享式增长。

第二，中国经济增长的新动力将来自民营和中小微企业。民营和中小微企业将替代国有企业成为全社会固定资产投资的主体。未来几年，伴随促进民营和中小微企业发展政策的落实，其占全社会固定资产投资的比重还会上升。中小微企业投资比重的上升将对投资结构的改善和投资效益的提高发挥重要作用，也有利于缓解就业压力、促进服务业发展。

第三，中国经济增长的新动力将来自全要素生产率的提高。据有关测算，改革开放30年来，资本对中国经济增长的贡献率最大，达50%左右；全要素生产率提高的贡献次之，为30%左右；劳动力对经济增长的贡献率最低，为20%左右。可以预计，由于人口老龄化的加剧，中国劳动力数量增速将明显减缓，其对经济增长的贡献将进一步下降。因此未来几年中国经济增长的主要动力将有赖于全要素生产率的提高。

第四，中国经济增长的新动力将来自服务业和战略新兴产业。今后几年，伴随人口老龄化和城市化步伐的加快，中国城乡消费水平将进一步提高，消费结构将明显升级；另外，伴随国家在财税、金融、科技等优惠、倾斜和支持政策的落实，反映未来机构及发展方向的诸多战略新兴产业将得到长足发展，其对经济增长的拉动力将明显增强。

第五，中国经济增长的新动力将来自中西部地区。最近几年，伴随国家西部大开发、中部崛起和振兴东北老工业基地的实施，再加上全球金融危机爆发以来出口疲软对东部沿海地区经济的冲击以及劳动力、能源、资源环境等要素成本逐年上升的影响，东部地区经济减速明显而中西部、东北部地区经济增长相对较快。

作为世界主要领导者，中国也必然和美国、欧盟一样，与其他新兴国家一起成为现代国际社会的重要组成部分。中国下一步发展的深度、广度及辉煌成果还会超出全世界目前最大胆的预期。变革的核心是从过去追求物质产量到现在积累财富数量，转到未来满足全体人的社会需求，彻底实现以人为目标的现代化，这就是中国大趋势。

消费、投资、出口是拉动经济增长的三驾马车，而目前投资需求与出口需求都在急剧收缩，因此“促消费”是拉动中国经济的未来增长点。但是，启动消费这匹马车却困难重重，中国老百姓不舍得花钱，更不敢花钱。经过三十多年的改革开放，国家确实富裕了；可百姓还远远达不到富裕的标准。百姓的生活有保障，未来有预期，他们才可能增加消费。

与此同时，反映收入分配公平程度的基尼系数居高不下，说明中国贫富差距依然悬殊。实现社会公平是国人的期待，虽然收入的公平不是绝对的，但“缩差距”这个问题不解决好，中国经济便会失去可持续发展的内在动力，时间拖久还导致民心背离甚至引发大规模社会动荡。

第二篇

企业和员工该如何应对经济寒冬

企业竞争的实质是人才的竞争，也就是职业人的竞争。企业除了要提供好的产品、好的服务，还应该批量培养优秀的职业人。在经济寒冬时，企业和员工谁也躲不过，企业和员工更应该同心协力，共同面对这一严峻的经济形势，努力帮助企业脱离困境。

第三章 经济寒冬下，企业与员工的生存现状

第一节 寒冬中的企业与员工该怎么平衡利益

一、企业要赢得员工的心，让员工在寒冬中感受到温暖

在寒冬里，总有一丝温暖能打动人心。在需要共同患难的岁月里，员工到底需要的是什么？拿什么才能赢得员工的人心、稳定企业的军心？

“得人心者得天下”，对于企业而言，就从善待员工、赢取员工人心开始做起吧！

2009年三一重工“拒绝给5000名员工降薪”的新闻事件打动了天下打工者内心最柔软的部分。

【案例】

据报道，在2009年1月14日三一重工控股方三一集团董事年会上，实际控制人梁稳根与唐修国、向文波、易小刚等董事研讨“过

冬模式”，梁稳根郑重地提出自己的申请：“2009年我只领1元年薪。”全体董事和高管也提出了降薪申请。但对于三一集团高管，向文波表示全体董事降薪90%，并接受高管自愿降薪申请。经过一番讨论，董事会接受以上所有申请。

公司表示，此次高管降薪以个人自愿为原则，对未提交降薪申请的高管，公司一律仍按原标准发放薪金。同时，高管降薪也设置了门槛，除级别需获得正式任命的总监助理（含）以上才接受降薪外，降薪幅度还不得超过50%，年限也仅为2009年度。

还有约5000名普通员工向公司提交了自愿降薪申请，公司表示将不予接受。公司将把这些人的名单存档永久保存并向他们表示诚挚的感谢。

向文波认为，三一仍将坚持正常的人力政策，除非违法乱纪和“末位淘汰”者，坚决不裁员。他表示，要考虑到普通员工的利益与承受能力，保证员工的基本生活。年收入10万元以下的普通员工不降薪，而高管人员则是在不影响生活的情况下自动降薪。

三一因善待员工而赢得了员工的心，2012年，公司实现营业收入468.31亿元，净利润56．86亿元。2011年7月，三一重工以215.84亿美元的市值，入围FT全球500强，成为唯一上榜的中国机械企业。

由此可见，在经济寒冬下，企业不能给员工造成“大难来时各自飞”的错觉，越是在困难的时候，企业越是要和员工站在一起，抱团取暖，共度时艰。

二、员工与企业共患难，加倍努力达成业绩

在经济寒冬中，每一个公司比任何时候都需要与公司共命运的人，只有公司的全体职员都能够齐心协力，同舟共济，这样的公司才能在竞争中永远不败。只有所有的员工负起责任来，做到“公司兴亡，人人有责”这样的公司才能真正永远立于不败之地。

企业只有做到心中有员工，多为员工着想，最大程度让员工受益，这样员工才会死心塌地去维护一个能够给他富足生活的企业。当然，如果一个企业有一批员工能在一定程度上为企业着想，与企业共患难，那么企业离成功就不远了。

【案例】

纽约最著名的纺织品公司——费特曼公司将自己的企业比作一条冰海里的船。在这个公司里，无论是办公室、会议室，还是生产车间的墙壁上，到处都可以看到这样一副招贴画，画上面就是一艘即将撞上冰山的轮船，在画下面写着一行十分醒目的字：“只有你，才能挽救这条船。”这个公司多年来都经营得特别好，员工待遇也相当高，是什么原因？就是因为这个公司所有的员工一直以来都与公司共命运。他们都知道，掌握公司命运的不仅仅是董事长、董事会成员，也包括他们自己。

无数的企业都在努力寻找能与公司共命运的人，然而，在很多员工的眼里，似乎从来没有把公司发展当成己任，而是想方设法去谋取更高的薪水。一旦公司出现什么危机，这些人心里永远只有自

己的利益，他们会以最快的速度离开公司，而不会想着如何去帮助公司。这样的人也许能够谋取一份可以生存的工作，但永远难以在一生中取得任何成就。

一旦听到公司遇到什么危机就辞职不干的人，是难以获得成功的。那些能够时刻与公司共命运的人，公司也会给予他们最大的回报。即使公司不幸倒闭，他们的品质也会为他们赢得巨大的财富。

很多人总是认为“我为公司工作，公司发给我薪水，这是天经地义的事情，至于公司如何发展，与我没有任何关系。一旦公司走向衰落，我换个公司就可以了”。持这种态度的人实在可悲，他们从来没有认识到公司的发展与自己的命运有着千丝万缕的关系，他们不知道公司的发展不仅有利于老板，更有利于自己。

第二节 寒冬中企业员工的离职率升高

一、员工被离职

在全球经济复苏仍受波折的情况下，中国经济增长放缓，市场寒冬已经到来。大批的“行业巨头”纷纷裁员！

摩根大通首席中国经济学家朱海滨向《环球企业家》表示，裁员现象短期是对经济周期的应对，长远看是中国转型的普通现象。欧美出现的裁员或者失业率高的现象，就像是一位重症病人，而中国经济更像是要对付中长期的慢性病。

在一定程度上，裁员也是目前全球经济的一个“晴雨表”，表明目前全球经济仍处在不稳定之中，而对于中国企业的裁员，中山大学中国品牌战略研究中心主任、博士生导师王海忠教授认为，裁员是企业应对经济寒冬的正常做法，减轻一些负担才能更好“轻装上阵”。

据报道，2013年上半年，思科系统公司宣布裁员734人，占到公司总员工数量百分之一；爱立信在瑞典裁员1399人；通用汽车在巴西裁员598人；波音公司2013年年底前将裁减800名商用飞机工人；TNT宣布实施全面利润提升计划，未来三年将裁员4000人，并出售其在中国与巴西的国内公路快运业务。

之前，索尼也计划截至2013年3月裁员2000人，以加快索尼改革旗下电子业务的步伐；诺基亚计划2013年底全球裁员1万人，以消减公司财务支出。

而在2012年间，惠普5月宣布裁员2.9万，摩托罗拉8月全球裁员4000人，RIM公司裁员5000人，柯达累计裁员2700人，李宁2012年上半年也进行了裁员，相继关店1200家。

企业裁员，原因何在?

原因一：在经济寒冬和欧债危机持续蔓延的背景下，市场需求持续低迷，企业订单减少，企业收入增长放缓，但原材料以及人工薪水等各种成本不断增加，企业只有通过最简单的“减法”来弥补发展基础的不足。

原因二：伴随劳动力市场价格和原材料成本的不断上涨，以及其他一系列成本的增加，使得很多企业不得不考虑裁员。据报道，2012年4月，雅虎宣布再裁员2000人，约相当于雅虎全球员工总数的14%。在过去的四年多时间里，雅虎公司曾连续六次裁员，裁员总数接近6000人。雅虎裁员，实际上是为了节约成本。

原因三：企业由于在商业模式上重模仿、轻创新，产品同质化严重，使得同行业形成恶性竞争，导致企业面临多重危机。据报道，2013年初美的集团被爆一年内裁员3万多人，创下了近年来A股上市公司的裁员纪录。

原因四：伴随企业战略的重新定位，大部分企业开始考虑业务转型和人员调整，将重心更多地放在盈利快的业务板块。据报道，2012年3月，本土运动品牌老大李宁公司对外宣布裁员，将对一些非核心的业务部门通过采取优化组织结构的方式，精简人员，降低人员成本，把节约的资源投入到集团的核心业务，以提高公司的净利润率。

在消费者压缩开支，企业缩减投资计划的今天，企业更要随市场的变化而灵活转变经营策略才能安然度过经济寒冬。

二、马斯洛需求理论：企业未能满足员工职业发展需求

美国社会心理学家马斯洛曾经将人的需求划分为五个层次，依次是生理的需求、安全的需求、社交的需求、尊重的需求和自我实现的需求。马斯洛的需求层次理论有两个基本点：第一，人的需求是有层次的，某一层次的需求得到满足后，更高层次的需求接着出现；第二，某一层次的需求一旦得到满足，便不能再起激励的作用。这个理论在管理学界广为传播并占据着重要地位。

满足需求具有以下几个规律：

1. 基本需求指向自己

需求可分为基本需求和高层次需求两类。基本需求是指用以维

持一个人生存的需求。当一个人喝了、吃了，就解渴了、果腹了，有了最基本的生理安全、心理安全保障，就可以满足基本需求。

2. 高级需求指向他人、指向环境

高层次需求并不直接指向人自身。高层次需求实现的前提条件是先满足其他人的需求，再由其他人对己进行反馈，从而获得自身高层次需求的满足。

比如教师受人尊敬是由于教师的传道、授业、解惑，给他人带来知识、观念和方法，他人接受以后，感觉有帮助，从而对教师产生感激、尊敬之情。也就是说老师受到他人的尊敬是由自己满足别人之后获得的他人的反馈，并非能直接索要到他人的尊敬。

个人付出越多，对别人越有帮助，所受的尊敬也就越多。因此，高层次的需求一定是一个人先满足周围其他人的需求之后，他人再对其进行折射才能得到满足。

3. 不同的人有不同的需求

处在管理位置的人在带领团队的时候，一定要清楚这一点，了解每个员工现在是处在哪个需求层次上。是处于物质需求阶段，还是已经到了精神需求阶段？如果管理者不了解这些，给予员工的激励内容与他的需求层次不相符，就会造成费心费力却没有效果的尴尬局面。

4. 同一个人在不同时期有不同需求

一个人在不同的发展阶段，其需求也会有相应的变化。

同时，当一个人的物质需求得到基本满足之后，便会开始追求

更高层次的精神需求。

【案例】

我在担任中法合资企业总经理期间，公司里有一位一起创业的员工，后来升到公司的副总。我看他没有车很不方便，就想给他配辆车，我找到他说："公司给你配车，你好好学开车去。"

他说："现在工作特别忙，能不能过一时期再学？"

我说："不行，现在就去学。"

"那能不能买日本车？日本车省油。"

"不，我们是中法合资企业，要买法国车。"

"能不能买黑色的？"

"不，公司已经有两辆黑色的车了，你用的车要买白色的。"

"那能不能过一段时间再买？"

"不，马上就买，你赶紧去学开车。"

几个月以后他开着车来上班，一脸愁容，没有一点儿开心的样子。

我觉得很奇怪，以前给他涨工资、发奖金，他都很高兴，每次都说了非常感谢的话。怎么今天开车来上班反而愁眉苦脸呢？

后来我问他："以前发奖金、涨工资，你都很高兴，怎么这次配了车，你一点都不开心呢？"

他说："程先生，您想想，什么时候学开车由您决定；买多少钱的车由您决定；买哪个牌子由您决定；买哪个颜色的车由您决定……就连我开不开车来上班都由您决定，我算个什么呀？"

我这才恍然大悟，我认为他有了车，风吹不着雨淋不着应该很高兴，可是对他来说，在这个过程中他没有受到丝毫尊重，当然也就高兴不起来了。

所以，管理者一定要知道员工现在最大的需求是什么；自己能给他提供的条件是什么。否则，根本达不到管理者想要的效果。

三、恩格尔系数与离职率的关系

19世纪末，德国经济学家恩格尔发现一种现象：人们在食品上的支出是随着收入的增加而相对减少的。于后他提出了一个著名数字比例——恩格尔系数，即食品支出总额占个人消费总额的比重。

恩格尔系数=食物支出金额÷总支出金额×100%

假如你挣了100元钱，有多少钱是用于吃饭？如果你用于吃饭的钱是90元钱，你的恩格尔系数就是90%；如果你吃饭的钱是60元钱，你的恩格尔系数就是60%；如果你吃饭的钱是40元钱，你的恩格尔系数就是40%。

随着社会的发展，总体而言恩格尔系数是上升还是下降呢？是下降。

联合国根据恩格尔系数的大小，对世界各国的生活水平有一个划分标准，即一个国家平均家庭恩格尔系数大于60%为贫穷；50%-60%为温饱；40%-50%为小康；30%-40%属于相对富裕；20%-30%为富裕；20%以下为极其富裕。按此划分标准，20世纪90年代，恩格尔系数在20%以下的只有美国，达到16%。也就是说在20世纪90年代被称得上极其富裕的国家、最富裕的国家就只有美国；欧洲、日本、加拿大，一般在20%-30%之间，是富裕状态。东欧国家，一般在30%-40%之间，相对富裕，剩下的发展中国家，基本上分布在小康水平。

中国在改革开放初期的恩格尔系数：城市平均超过60%，农村是70%，那个时期我们属于贫穷国家。随着改革开放的深入，随着我们社会的发展，恩格尔系数呈现较快的下降趋势。30年前中国人的温饱问题还没有解决，农村青壮年人群来到城市工作，主要是为解决吃饭问题。一天如果挣10元钱，意味着可以吃饱肚子；如果能挣20元钱，意味着可以帮助家人了。

那个时期的“打工族”都希望加班，因为加班能够多挣取加班费，使全家都能吃得更好一些，给家里多寄回一些。

2008年，中国恩格尔系数，在农村下降至43.7%，城镇下降至37.9%。经过三十多年的努力，中国的恩格尔系数下降接近40%，代表中国开始进入了小康水平。2011年，中国恩格尔系数进一步下降：城镇下降至36.3%，农村下降至40.4%，说明恩格尔系数整体呈现下降趋势。

恩格尔系数下降是员工离职率升高的原因之一。如果员工每天挣的钱只够保证当天温饱，员工会将这份工作看待成“救命稻草”。如果员工一天挣的钱能够保证三天温饱，员工有可能因为某些原因，选择离职。因为即便是离职，他依然有两天缓冲时间，可以找到其他工作维持生计。当收入增加时，实际花费购买食物，解决温饱的比例相对降低。恩格尔系数降低，那么员工有更多可变性，有更多选择机会。当今社会并不等同于20世纪八九十年代，单纯依靠工资就可以把人留住。反而有可能因为工资涨的越高，离职速度越快。

当恩格尔系数下降至40%以下，企业留人、培养人的动力一定不能继续依赖于用工资收入进行调控，而必须找到企业员工更高层次的人生需求！从此时起，建设职业发展路径、制定实施职业生涯规划、帮助企业员工实现人生梦想、人生价值，成为企业老板和企业高层管理人员的必备管理能力。

【案例】

我在深圳拜访一位非常成功的企业家——中城控股的庄总。他在16岁时，从浙江老家到深圳谋生，从工地小工做起。

庄总回忆到：20世纪90年代初，我刚来深圳谋生时，如果老板一天给我20元钱，我就高兴得不得了。现在的小工一天至少给200元钱。200元钱仅仅吃饭肯定是用不完。如果老板让工人晚上加班，工人不愿意加。老板问不加班干什么去？工人们回答：泡脚去！庄总说：我创业那会儿洗脚的时间都没有，他们现在还能去花钱泡脚！

当收入增加、生活水平提高时，会发生什么情况？工作一个月的工资，可以保障两个月基本生活，甚至有更多的余钱。只要工作中遇到不高兴的事情了，下个月就不干了。之前这个月好好干了，这个月才有工资；一旦下个月不工作，下个月就没有工资。相对而言，收入少时员工对工作珍惜程度会更高，这是事实。

怎样令员工更有敬业精神呢？难道希望我们的恩格尔系数回归到60%-70%吗？这个可能性不大。除非遇到自然灾害或战争，回到

1942年难民逃荒的年代，就是不给钱只给饭吃，都会有一大批人好好干。然而，社会不可能再回到恶劣的生存环境中，一定要看到人需求的变化。

恩格尔系数解释敬业精神差与生活水平提高、收入水平增高有关系。但是，有没有一个办法能让人们在收入提高后仍然具备敬业精神，并为之努力奋斗？

第四章 企业职业路径开发与管理：为人才培养筑路

帮助员工选择适合的职业路径，让员工在职业生涯这条路上走得更通畅，不在于能不能干下去，而在于如何长期干下去；新来的人能不能干，能干的人能不能长期干。

凭什么员工愿意长期在这干？

德国经济学家恩格尔发现了恩格尔系数，随着恩格尔系数的降低，导致现在靠工资待遇留人很难。当前的企业必须靠职业生涯规划留人，帮助员工进行区分和选择，企业有几条职业路径可以选择。

20世纪80年代初开始，中国企业第一个管理制高点是生产制高点，不愁招人，不愁销售，持续了二十年左右的时间；当产品丰富了之后，进入销售年代，持续了十几年；当企业进入财务年代，保证现金流成为重点；现在进入人力资本年代。

人力资本最早叫作劳资管理，它发展到现在经历了劳资管理、人事管理、人力资源管理、人力资本管理四个本质不同的阶段。劳资管理，就是给劳动力发工资，那会时企业里的员工就是劳动力，给劳动力发工资就是劳资管理的主要内容。人事管理，比劳资管理增加了一些关于人事调动安排手续的工作。到了20世纪90年代，人力资源管理就把人力当作资源来管理，是一个很大的进步。资源是什么？资就是财富，源就是来源，凡是被叫做资源的东西都是被开发和待开发的，都是需要投入的。我们发现了一处矿产，这是资源，但矿产本身还不是资本，它需要投资，需要时间和人力的投入，它才能变成真正的财富。所以才有了现在的人力资本，人力资源是指将来可能创造财富的人，人力资本是指现在就能创造财富的人。

从劳动力，到人事，到人力资源，再到人力资本，企业到了人力资本管理的阶段，也就是将人尽快成为一个创造财富的人，而不是要对其长期进行投资培训的人。从劳资管理，到人事管理，到人力资源管理，再到人力资本管理，其中从人力资源管理到人力资本管理增加了两项重要的内容：职业管理和职业生涯管理。

简单地说，职业管理是铺路，职业生涯管理是如何在职业道路上一路走向成功。

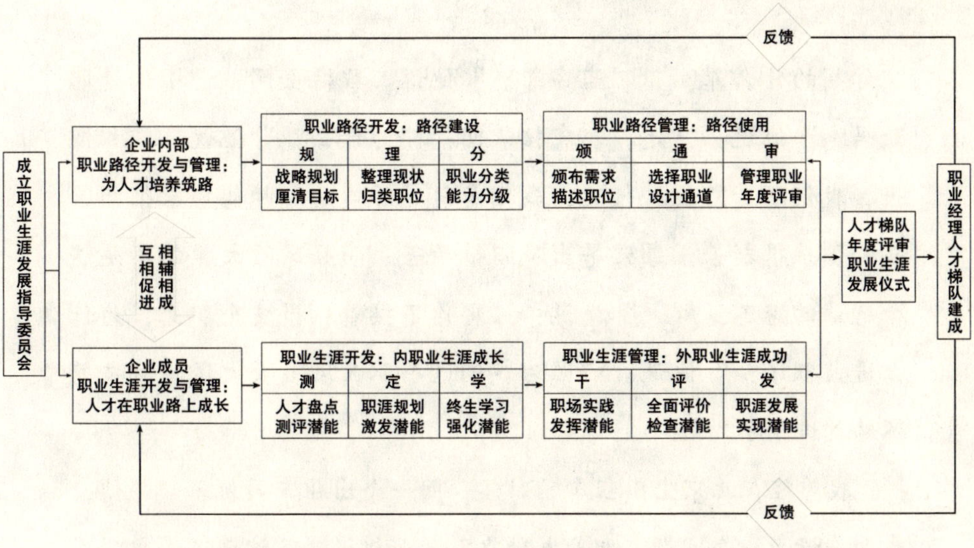

《企业战略与职业经理人才梯队建设解决方案》咨询项目流程

>>第一节 职业的内涵

如果有人问你：什么是职业？你能正确地回答吗？也许你会说："我都工作十几年了、二十几年了，还问我什么是职业，这是不是太小看我了？"

到底什么是职业，你能说清楚吗？说清楚这个概念对你有什么好处呢？我们每个人都要找到工作，一生中都要从事好几个职业，职业和我们的生活、情感、成就息息相关。正确地理解职业，对于自己的职业生涯发展、对于帮助培养员工、对于教育孩子都有重要的意义。所以，清楚什么叫职业，非常有必要！

小偷是不是一个职业？

【案例】

2009年，我去监狱讲课，培训前做调研，问一位服刑人员：

“你判的什么罪？”“盗窃罪。”他说。程博士问：“小偷是职业吗？”他说：“是。”我接着问：“为什么？”他说：“程博士，我们不是随便入行的，我们是拜过师傅的。师傅要求很严，我们训练很刻苦。每天早出晚归很辛苦，而且风险大，您不是这个行业的您不了解。”我说：“那你不接着从事这个职业，为什么进监狱了？”他说：“因为我们这个职业风险太大了，我技艺不精就进来了。”

我曾经在北京坐出租车的时候，问一个出租车司机：“师傅，我向您请教一个问题，职业是什么？”司机说：“这还不简单吗？职业就是工作呗。”“那什么是工作呢？”“那就更简单了，工作就是上班呗。”“那什么是上班呢？”“您看您问得越来越简单了，上班就是干活呗。”“什么叫干活呢？”“干活就是受累呗。”“什么叫受累呢？”“受累就是遭罪呗！”“简单地说呢？”“简单地说，职业就是遭罪！”把职业就等同于遭罪的人，工作会有热情吗？会有敬业精神吗？会全力以赴吗？当然不会。

我后来问另一位司机：“师傅，您说什么叫职业？”他的回答到是简明扼要：“职业就是人民币！职业就是挣钱。”如果一个人认为能得到钱的事就等于职业，那很可能什么事情都干。怪不得在社会上有那么多的人认为“小偷也是个职业，贩卖人口也是个职业”。

认为“小偷也是一种职业”、“职业就是挣钱”的人恐怕不在少数，这也就是为什么有人会进了监狱，有人会在“痛苦地”工作。原因就是他们没有真正把“职业”的定义弄明白。

人的一生有很多需求，一个人不可能靠自己满足自己的所有需求，所以人活着必须要参与社会分工。职业就是社会分工的产物，你从事一种职业就是从事一种社会分工。

由上可知，职业的概念就是：参与社会分工，利用必备的职业素质——正确的观念、专业的知识、娴熟的技能、健康的心理——创造物质财富和精神财富，通过交换得到合理报酬，满足物质需求、精神需求的一类工作。

你要凭职业素质去创造财富。工人、 农民创造的是物质财富，演员、作家创造的是精神财富。创造财富之后和别人交换，交换才能得到报酬。得到报酬之后，才能满足物质生活和精神生活的需求。

根据职业的概念，我们很容易回答案例中的问题，小偷为什么不是一种职业？首先，小偷不参与社会分工。虽然小偷有专门的知识和技能，但并不是用来创造财富，而是转移财富，而且是非法转移；其次，小偷没有合理报酬，只有非法所得；再者，小偷在满足自己物质生活和精神生活需求的同时，给别人造成的是物质损失和精神痛苦。所以，小偷不是一种职业，其行为应受到法律的制裁。

下面我们介绍职业丰富的内涵及其相互之间的逻辑关系。职业的内涵包括五组关系。

1. 第一组关系是个人与他人的社会关系：社会分工

比如某人要穿牛皮鞋，不能从养牛做起。实际上，在养牛，杀牛，制皮，设计鞋样，制作皮鞋，销售皮鞋的各个环节中，都需要有不同的人参与其中，每个人都做一部分工作，最终才能满足穿皮鞋的需求。这种通过别人对不同需求的满足方式就叫社会分工。

2. 第二组关系是职业与专门知识技能的关系：必备技能

每一种职业都要具备专门的知识和技能。请思考：你现在从事的职业需要什么样的专门知识和技能？比如，礼仪主持人，这个职业需要的专门技能包括：联络主办方、承办方，明确礼仪活动的各种要求的能力；参与方案的构思和撰写，承担细节筹办的能力；导入、串联、整合礼仪活动各环节，推进活动程序的能力。再比如，房地产策划师，该职业需要的专门工作技能包括：房地产项目的市场调研和咨询策划的能力；整合设计、建设、营销、广告、服务等资源，制定策划方案的能力；房地产项目的产品营销工作的能力；房地产项目的运营工作的能力。

3. 第三组关系是知识技能与财富的关系：创造财富

利用专门的知识和技能去做什么？去创造财富。比如农民种粮食、蔬菜，服装设计师设计出漂亮的衣服，建筑工人建造高楼大厦，作家著书，舞蹈家跳舞，这些都属于创造财富。有的人创造物质财富，有的人创造精神财富。有的人是直接创造，如生产产品；有的人是间接创造，比如做保安是在保护别人的财富。

4. 第四组关系是创造财富与报酬的关系：获得合理报酬。

什么叫合理报酬？你创造出来的财富，一部分上缴给国家，一部分留在企业，一部分由你自己消费，各部分比例用法律规定，或者由利益各方商定。这叫合理。为什么党纪国法对贪官污吏要严惩？因为贪官污吏是通过非法的手段把别人的财富据为己有，不合理也不合法。所以对这些人一定要严加惩处。每个人一定要通过创造财富来获得合理报酬。合理报酬的一个重要特征是当事人可以相互协商。员工和老板可以协商、买方和卖方可以协商。

5. 第五组关系是获得报酬与需求的关系：满足需求

一个人通过获得报酬而满足在物质生活和精神生活上的需求。物质生活需求的满足是指通过资金去购买生活上的必需品，包括吃穿住行的用品；精神上的需求，包括喜悦感、团队认同感、实现自我价值以后的满足感等。如果不能满足需求，在职场上就会“跳”，或称“跳槽”、或称“跳高”、或称“改行”。

>>第二节 优秀的职业人应具备的职业素质

什么是职业人？职业人就是具备一定职业素质的人，即具备观念、知识、技能、心理。

【案例】

我在清华大学总裁班讲解职业生涯管理课程时，向学员提问：“各位，你们企业缺人吗？”有人说缺，有人说不缺。又问：“为什么不缺呢？”回答：“您看，这是我们企业的组织结构图，公司的组织架构各个位置上都有人了，所以我们公司不缺人。”再问：“您在一天当中哪个时间段感觉最不缺人？”答：“那就是午餐吃饭的时候最不缺人。我在公司餐厅门口，看得人们进进出出觉得人员很多，有时饭菜不够，还需要临时加做。”继续问：“一个月里哪一天您感觉最不缺人？”答：“那肯定是发工资那一天觉得不缺人。”问：“一年的时间里哪一天感觉不缺人？”答：“发年终奖，要包红包的时候，感觉不缺人。不但感觉不缺人，甚至感觉人太多了！”

一天中吃饭的时候最不缺人；一个月中发工资的时候最不缺人；一年中发奖金的时候最不缺人，但这些都不等于企业真的不缺人！也有的时候缺人，什么时候缺人？工作的时候缺人。尤其是缺少能够理解老板意图、明确目标、带领团队、克服困难、取得绩效的优秀职业经理人。对于企业员工队伍而言，缺少职业人，即缺少具备优秀职业素质的人。

什么是优秀的职业人？优秀的职业人就是具备优秀职业素质的人。即具备正确的观念，健康的心理，专业的知识，娴熟的技能。

一、秉持正确的观念

一是拥有感恩之心。职业经理人要带着感恩的心，在企业老板创建的公司平台上，努力提升自己的职业素质，提高职业化水平，为客户创造价值，为企业创造效益，促进资金资本增值，帮助员工职业生涯发展。

二是尊重他人：包括尊重上司、尊重客户、尊重其他的创业者等。尊重比自己工作能力好，性格强硬的人，是一种敬畏；而尊重比自己工作能力差，性格软弱的人，则体现了一个人的道德品质和性格涵养。

【案例】

法国某制药集团国际公司的总经理，是一位精明强干的职业经理人，创新能力强，头脑灵活，善于表达沟通，具有良好的人格魅力。而国际公司董事长，集团老板的儿子，是一个表情木讷、不善言辞、优柔寡断的书呆子，虽然具有某著名大学的硕士学历，谈起历史、美术史滔滔不绝，但讨论企业经营决策时毫无主见，很多员工背地里都叫他废物点心。但国际公司总经理却对这么一位董事长尊敬有加：进门时，请他先走；开会时，请他先讲。大事小事，都主动汇报。有的同事不解，问总经理：您自己决定不就行了，征求他的意见有什么用？总经理说：我想做的事，在问董事长之前，只能算是建议；董事长同意后，才能是工作上的决定。董事长是老板家族的代表，是投资方的代表，没有他们家的投资和创业，就没有我们今天的工作机会。不管他的个人能力如何，我们都必须尊重这个事实。而且正是因为董事长的“外行”和“无为”，才有了我们施展才华的宽松环境。如果他是一个非常强势的董事长，恐怕我们都要胆战心惊地工作，缩手缩脚，畏首畏尾。

三是良性离职。如果辞职，要做好以下几项工作：提前提出辞职申请，让老板有充分的时间考虑替补人员；帮助企业培养接手工作的人；认真做好财务、办公设备（如电脑）、客户资料等工作。

一个人离开公司时，有可能另谋高就，心情愉快；有可能处于人事矛盾之中，心情不爽。但不管怎样都要认真地做交接工作。这体现一个职业人的职业道德，影响着他在职场中的个人品牌形象。

【案例】

在某化工研究所工作的技术员范先生，被研究所领导提拔为实验室负责人，并派到德国培训，学习某种先进仪器的使用方法。回国后，范先生成为研究所唯一一位会操作这种仪器的工作人员，他以此为条件，向所长提出增加工作待遇的要求。所长说：研究所化巨资购买这台设备，又派你去德国培训，花了一大笔钱，这台设备的使用还没有产生效益，你怎么能在这个时候提出增加工资呢？真是太辜负领导的期望了！没有得到工资增加，又受到领导批评，范先生不但没有认识到自己的错误，反而牢骚抱怨，进而提出辞职，他原以为领导会给他增加工资挽留他，没想到领导的决定是：宁可再培养一个，也不再用他。范先生气急败坏，离职时拿走了这套设备的说明书，并藏起了这套设备关键部位的钥匙，并和别人说：我要让这台设备成为一堆废铁！直到研究所要诉诸法律解决，他才不得不交回说明书，找回钥匙，并承认错误，赔礼道歉。

职业经理人应具有的正确职业观念的内容如下：对股东的投资负责，使资金资本增值；对客户的需求负责，提供优质产品和服务；对员工的发展负责，帮助职业生涯成长和成功；对自己的人生负责，实现人生梦想和人生价值。

如果是从企业外部招聘职业经理人，需要在观念上探讨的内容有很多，举例如下：

例1：如何看待下级犯的错误？

下级的每一个错误，都可能会暴露管理制度和工作流程上的缺陷。

例2：如何看待犯错误的下级？

只要员工自己不放弃，上级绝对不丢弃。

企业老板与职业人在工作中难免会发生观念上的冲突。对于以后的合作而言，这些冲突发生得越早越好。发生观念冲突后，老板和职业人都要及时面对，如果采取掩盖、回避的方式，可能会酝酿更大的冲突。

观念冲突可以是建设性的，也可以是破坏性的。

建设性的冲突是指：双方能够带着好奇和尊重的心态，去和对方核实不同说法、不同做法背后的动机。如果大家的目的是一致的，也就是说大的价值观基本相同，那就要调整语言表达和行为表现的方式，使得双方可以更好地理解与接受，更好地配合。这种观念上的冲突就是建设性的冲突。

如果双方的根本价值观不同，甚至对立，暂时又不能找到协调和包容的方法，那就要考虑进入停止合作的程序。如果双方价值观有重要差别又不及时停止合作，就会转变为互相指责、互相攻击、互相诋毁，变成破坏性的冲突，对双方都有害而不利。

【案例】

某咨询培训公司为了新的发展，聘请了两位“空降人员”：曹先生受聘为总经理，刘女士受聘为财务经理。当时公司的状况是，公司对外的营销推广、对内的管理考核都不规范，有许多缺点和不足。在公司管理会议上，曹先生说：“你们前些年是怎么干的？公司怎么连一份彩色宣传资料都没有？这怎么做宣传推广？”有同事回答：“您批评得对。到现在为止，我们使用的都是黑白资料，确实显得不够档次。您来了就好了，帮我们设计一套彩宣吧。”曹先生生气地质问：“你们都干三年了也没有设计出来彩宣。我刚刚来，怎么设计呢？”同事们面面相觑，哑口无言。财务总监发现了财务管理中许多缺点、错误，她也坦承地指出来，然后说：“原来公司没有正规的财务管理人员，兼职的同事干到这种程度已经是难能可贵了。接下来的事，我来做吧！”刘女士在原来单位是财务副总，只做重要的财务决策和财务管理工作，而在这个新的职位上，她放下身段亲力亲为，很快使公司财务管理工作走上正轨。两个月后，曹先生带着不满情绪辞职，而刘女士成为备受同事们尊敬的财务总监。

空降人员的价值不应表现在指出问题来，更应表现在解决问题上，这就如同患者去医院看病，如果医生只是对患者说：你的病情很严重，后果不堪设想！患者问：那该怎么治呢？如果医生回答：你都病了这么长时间了，不知道怎么治，我刚刚见到你，我哪知道该怎么治？如果是这样，医生对患者而言就一点价值都没有了！医生的价值在于：救死扶伤，帮助患者尽快康复。空降职业经理的价值是：以崭新的眼光迅速地发现问题，亲自或协助企业解决这些问题，使得企业有新的发展。

【案例】

在一次我的培训课程上，遇到一位职业经理人，他在企业里干了30多年。我问他："您最初也是普通职员，怎么就能干到总经理的职位？"他说了一句话，让人印象特别深刻："我每花老板的一分钱，我都要问自己:如果这是我们自己家里的钱，我也这么花吗？我为企业带来的效益是什么？"这个企业的老板信任这位职业经理人甚至超过了信任他自己的儿子。

我对待老板的钱也非常认真，集团董事长当初给我的授权是：程社明先生可以代表我本人在中国签署各种财务文件和法律文件。

一个人刚开始工作时，不一定能取得老板的信任，要努力做出让老板信任的事情。在老板不信任的情况下，要理解老板。首先，对客户的需求负责，如果不对客户负责，就不可能对股东的投资负责。其次，还要对员工的发展负责，帮助企业员工职业生涯发展和成功。一个经理如果所有事情都是亲力亲为，那一天要干多少事呢？老板希望经理好好干，但是老板更希望经理能成为帮助员工也好好干的人。

二、具备专业的知识

纵观企业高层管理者，到目前阶段，职业经理人的平均学历水平普遍高于企业老板的学历水平。许多职业经理人获得了某一专业的本科文凭，有的人又获得工商管理文凭，有的人甚至获得了博士学位。但学校里的专业知识不等于企业里、行业里的工作专业知识。就专业知识而言，课堂上、书本上的理论知识，是从实践中总结出来的，所以在学的时候就已经滞后于实践的发展。就管理专业而言，在学校里，"工商管理"是一个专业，但在企业中，如果一个MBA毕业生说：我不懂这个企业的产品，不懂生产流程，不懂研发，不懂营销策划，不懂人员促销，不懂财务控制，不懂成本核算，我就是会管理。那么，他肯定找不到工作！因为在企业中，没有脱离了具体产品和业务的所谓纯粹的管理。俗话说：隔行如隔山。当一位职业经理进入了一个新的行业、一个新的企业，必须要认真地虚心学习：了解产品、了解技术、了解行业状况、了解竞争对手、了解企业沿革、了解企业文化、了解老板的抱负、了解产品历史、了解创业英雄、了解团队成员、了解客户群体、了解销售渠道，这些在课堂上、书本里学不到的知识，是职业经理在工作中必须掌握的知识。

三、提升娴熟的技能

如果说观念和知识，更多的表现在“头脑和语言”层面，那么娴熟的技能，主要表现在“手和脚”的方面，即亲自走到工作第一线、动手操作的技能，落实为发现问题、解决问题的技能，做出有效结果的技能。

职业能力是职业素质的综合体现，又集中表现为操作技能。我们可以把职业经理人的能力分为六个层次。

第一，发现问题的能力。一个企业从创建那天起，到报停清算那天止，都会存在这样或那样的问题。企业运营的过程，就是不断发现问题、解决问题，再发现新问题、解决新问题的过程。许多时候，不能及时发现问题才是最大的隐患。

第二，分析问题产生的原因的能力。任何一个问题的产生都会是由多方面的原因造成的，有客观的环境因素，有主管的管理因素。职业经理人分析问题原因时，要把关注点放在企业管理者，尤其是职业经理人本人可以掌控、可以影响的因素上。如果把产生问题的原因都归结于不可掌控、不可影响的外界因素，那么这种分析会使人唉声叹气、束手无策、无所作为。只有分析自己有可能掌控、有可能影响的因素，才能下定决心、做出决定、有所作为。

第三，提出解决问题的方案的能力。发现问题、分析问题的目的是为了解决问题。只有解决问题，才能使工作向前进展。提出解决问题的方案，可以是建议他人去做哪些工作，最好要包括自己亲自做哪些事情。

为了使方案具有可操作性，可以使用6W6H方法。

6W：

What 要解决问题，应该做什么事？

Why 为什么要做这件事？

Who 都有哪些人参加此项工作？

Where 做事的场所在哪？

When 什么时间做？

Whom 这件事涉及到哪些人？

6H：

How 用什么方法做？

how often 做这项工作的频率？

how many 做这件工作的总次数是多少？

how much 做这件工作的资金成本是多少？

how long 做这件工作的周期是多长?

how well 做好这件工作的标准是什么?

第四，说服相关人员接受方案的能力。经理人员工作的特点是：需要得到上级的批准，需要得到下级的支持，需要得到其他部门的配合。因此一个方案是否能取得效果，不仅仅在于方案本身，而且还在于与这个工作相关人员的认同、支持、配合和协助。一些工作方案最终沦为废纸，并非由于方案本身不好，而是由于没有和相关部门、相关人员做充分的解释，导致其他人的漠视、不解，甚至引起猜疑和反对。说服相关人员接受方案需要时间和精力，需要耐心和毅力，更需要锻炼、提升有效的沟通方法。

第五，亲自或协助他人实施方案的能力。工作方案得到上级批准和相关人员的认可后，就要进入实施阶段，有的方案是方案提出人亲自实施，有的方案是其他人主导实施，方案提出人给予配合。即使方案提出人不参与实施，也要主动关心该方案的实施的结果，以检验当初设计方案的效果。

第六，在实施中调整方案，达成效果的能力。一项工作方案，不管事先策划得多么周全，一旦进入实施阶段，总能发现一些与实际状况不符的情况。因为客观环境是动态的，人员状况是变化的，客户需求是发展的，竞争对手也是活跃的。“摸着石头过河”，就是要看准方向，敢于下水，边走边探，大胆尝试，在工作实践中调整方案，最终要取得效果。

四、拥有健康的心理

关于健康的心理，简单的说，就是能经得住事！要经得起挫折和失败，也要经得起顺利和成功；要经得起批评和指责，也要经得起表扬和赞美。

一个人内心深处，有多大能量感受痛苦和悲伤，就可以有同样的能量，感受快乐和喜悦！关键是：要从痛苦和悲伤的事件中拿到对今后人生发展有益的价值！

人的主要心理问题至少有以下两大类：抑郁和焦虑。

抑郁是对过去已经发生的事件感到内疚、自责、懊悔、自恨，抑郁严重时，会产生自杀的心理倾向。

焦虑是对未来可能发生的事情感到担心、忧虑、害怕、恐惧，焦虑严重时，会寝食不安，暴躁易怒，暴躁易怒有时会伤害他人，或者伤害自己。

对待抑郁，有效的心理疗愈方法：既然事情已经发生，不可改变，但可以改变对这个事件的认知，从过去的经历中拿到价值，在将来的人生实践中提升能力。

对待焦虑，有效的心理疗愈方法：感谢潜意识的提醒，对可能发生的事件做好充分的应对准备，即分析可能出现的几种情况，制定相应的解决方法。

过往生活中的不良环境和痛苦经历，可用来解释现在人生状态的成因，但不可作为今后只能如此的借口。心理问题有其成因，也可以找到解决问题、化解心结的方法。

【案例】

2007年，我到某机电安装企业做职业生涯实务操作训练培训。近五十位企业管理人员分成六个小组，按照管理人员应具备的六个能力层次（发现问题，分析原因，提出方案，说服沟通，实施方案，调整方案达到效果）进行讨论。我发现：绝大多数参训人员都积极地参与，热烈地讨论，只有一位三十多岁的工程师李先生，在小组讨论时从不发言，轮到他发言时，他写成纸条，让旁边的人代他念。我很好奇，问他："如果大家都不发言，这个实务操作训练就无法进行了。你为什么不发言呢？"李先生回答："我不会说话。"我笑了："你用说话的方式告诉我你不会说话，我怎么可能相信呢？"李先生说："我们这样私下里单独说话没有问题，但如果我在大家面前一站，大家往我的脸上一看，我脸上的肌肉就会像锁头一样，'咔'！就锁上了，连嘴都张不开了。"李先生在说这些话时，手里不停地玩弄手机，手机黑色屏幕上有四个红色大字在不停地滚动：沉默是金！我又笑了："你这个手机只是用来发短信吗？"手机的主要功能不就是用来通话吗？李先生说："我从小到大受父母的教育就是：祸从口出，沉默是金！"

经过了解，我知道了李先生的成长经历。李先生的父亲老李先生在年轻时是一个热情、活跃的积极分子，工作努力，大会小会都积极发言，在单位里多次当选先进工作者、劳动模范。有一次单位里又分配来一个"评选指标"，但这次既不是选先进，也不是选劳模，而是要揪出来一个"右派分子"。有的同事对老李说："你看，好几次评选先进分子、劳动模范，大家都是让你当了，这次'右派'也是你当吧！再说上次开会给领导提意见时，属你发言最多，提意见最多，不选你选谁呀？"老李非常仗义："我当就我当！右派分子属于人民内部矛盾，没有什么大不了的事情。好事、坏事我都担着！当上右派之后，老李后悔莫及，再评先进没有他了，再涨工资没有他了，大会小会都要接受批评、批判；到了文化大革命期间，批评、批判升级为批斗，老李遭受到了身体折磨和人格侮辱。老李的儿子长大五岁时，似乎继承了爸爸年轻时的性格基因，既热情活泼又多言多语，人越多越爱讲话。小李的妈妈非常发愁，和老李说：你看咱们的儿子和你年轻时一样，就是个'人来疯'，人越多越爱说话。你都是右派了，我是右派老婆，咱们的儿子成了右派崽子，将来长大了，要是又成了右派分子，咱们全家人可怎么活呀？”老李也担心地说：“我们一定要管住他，不能让他在外人面前说话！于是老李警告儿子：“以后在家里，只有爸爸妈妈两个人时，你说什么都行。如果来了邻居、同事或其他人，你就给我闭嘴！”五岁的孩子，刚刚学会比较流畅地讲话，好奇心、表达欲都比较强烈，加之性格活跃，让他闭嘴装哑巴，真是太难了！家里来人时，儿子还是忍不住大声地说这说那，问这问那。老李又担心又害怕，抡起巴掌，狠狠地打在儿子脸上，大声吼道：“给我闭嘴！”经过十数次严厉打击后，只要爸爸一抬起手，儿子就会自己使劲捂住嘴，退到墙角，不敢出声。以后从小学、中学到大学，小李在班上从来不敢回答老师的提问。老师点名叫他发言，他内心就恐慌不安，接着面部肌肉就像锁头按紧一样“咔”锁住了。小李的这种情况就属于心理问题，用讲解道理和学习知识的方法不会改变，用演讲训练的方法也没有什么效果。因为小李的内心深处的心结没有打开。我决定，用催眠治疗的方法帮助小李打开心结，恢复他在众人面前自由讲话的能力。

“催眠”并不是让人睡眠，而是让人进入一种特殊的清醒状态，让自己的意识和潜意识进行沟通。二十世纪，心理学、生理学、物理学的研究证明：人的脑细胞在进行思维活动时，会有能量波发射出来，相关的人员可以接收到、感觉到。比如很多人都有这样的体验：一个朋友或一个亲人，好长时间没有联系了，忽然想知道他最近怎么样了，结果这个人很快就来电话或短信。你会很惊奇，说：“怎么这么巧？我刚才还想到你了。”那个人也会说：“我也忽然想到你了。”这就是脑电波互相感应的效果。

我用催眠指令帮助小李进入催眠状态。首先让小李对父亲宣泄心中的委屈和痛苦，然后站在父亲的位置上，体会当年父亲的无奈和制止他在外人面前说话甚至打骂他的痛心，再让小李告诉父亲社会的变化、右派的平凡，接受父亲允许他大胆说话不要再委屈自己的恩准。心理辅导结束后，小李简直像换了一个人：不仅在小组里积极发言，在全班汇报会上也积极发言。麦克风到了他的手上，不上来两个彪形大汉抢夺，他是不会松手的。憋了近三十年的讲话能量，终于迸发出来！

那次培训结束时，李先生获得了解决方案最佳创意奖。2012年，李先生已经担任了公司副总级别的高层管理人员，他的职业生涯取得了质跃发展！

>>> 第三节 企业如何培养优秀的职业人

如何培养优秀的职业人？企业要想培养优秀的职业人，就要从帮助员工理清企业战略发展规划开始，先为员工“铺路”（职业路径开发），再帮助员工“选路”（职业路径管理）。

一、职业路径开发：路径建设

开发是针对资源进行勘测、挖掘的过程，需要时间、财力、人力的投入。

管理是针对资源的掌控、使用的过程，希望得到效益和成果。

在明确企业战略发展目标前提下，以搭建职业经理人才梯队建设为手段，最终实现人的全面发展！

企业内部的职业路径开发与管理，需要经过六个步骤，即规、理、分、颁、通、审，目的是为企业人才成长铺建职业通路。

1．规——战略规划、理清目标

企业制定出三到五年明确的战略发展规划，并且厘清战略规划主要方面的具体目标，目的是要让企业的高层、中层、基层的管理专员及骨干员工清晰地了解企业发展蓝图，增加企业的凝聚力和员工职业生涯发展的动力。具体工作步骤如下：

协助企业明确三年战略发展方向；

制定一至三年各年的战略目标；

企业战略的公布，获得企业成员的认同、反馈；

策划并公布组织结构发展规划。

即根据企业状况、结合行业宏观发展趋势，运用战略分析方法，明确企业战略方向及近三年发展目标，组织结构发展蓝图，用有效方法向员工公布，促使员工理解、认同企业战略，起到增加凝聚力，增强企业员工发展信息的作用。所需文件如下：

《企业战略发展方向及1至3年各年目标》正文及向员工的解释资料；

《2013年及2014年组织结构图》；

《员工对企业发展战略及目标的反馈报告》；

《企业战略发展宣讲成效与潜在问题分析》。

2. 理——整理现状、归类职位

整理企业在职业管理上的现状，将企业的现有职位及在这些职位上的人员胜任状况进行归类，找出现状情况与企业实现战略目标所需职业人才的差距。需关注两个匹配：职位的设置与企业战略发展相匹配；职位所需要的必备职业素质与人才相匹配。具体工作步骤如下：

整理企业内部职业类别现状；

指导企业梳理分析目前职业情况、人员配置情况；

客观评价企业内部职业通道现状；

找出危险与机会；

评价当前人职匹配状况。

形成文件如下。

《2013年企业职业现状》；

《2013年人职匹配情况》。

（意愿、能力、结果三个维度，其中能力按职业素质四个要素分析）

“理”是整理现状、归类职位。重视职业规划要超过重视职位设计。我们很多老板会画组织结构图，会计算我们公司要设立多少个职位。比这件事更重要的是要进行职业规划。我们公司应该有多少种职业，这叫职业规划。第二个叫职业管理和职位管理，两者互相促进。

3. 分——职业分类、能力分级

根据企业战略发展规划的需要，将企业所需要的职业按照大类、中类和小类进行区分，每一类职业再按照职业能力的级别分为初、中、高三级。职业能力是职业素质的综合表现，职业能力分级要按照职业素质的正确观念、专业知识、娴熟技能、健康心理四项内容进行描述。职业能力以职业素质为基础，以解决问题为标志。

“分”是分什么呢？职业分类、能力分级、制订级别标准、制定评级方法、颁发证书（职业资格证书）。国际劳动组织把职业分成了10个大类、43个中类、125个小类、436个细类；美国把职业分成了23个大类、97个中类、461个小类、840个细类；中国把职业分成8个大类、66个中类、413个小类，两千多个细类。

我协助成都一家企业做职业分类，将职业发展路径分为：技术之路、业务之路、管理之路、行政/后勤之路。技术之路是人机对话，对走技术之路的人，要求是做事一板一眼，性格内向外向都没有关系，要求智商高；走业务之路的人是和客户、竞争对手、合作机构打交道，要求情商高；管理之路是和团队打交道，负责协调和管控，要求智商、情商都要高。每一职业的能力还要分级。

二、职业路径管理：路径使用

1. 颁——颁布需求、描述职位

向企业主要员工颁布企业在发展进程中对职业人员的需求，公布虚位以待的职位，描述对职务候选人员的职业能力要求。可以有四种方式公布：会议，公告，文件，邮件。

具体工作步骤如下。

建立企业职业需求公告制度；

公布《企业内部职业发展通道》；

公布《企业内部职业——职位、岗位胜任力模型》；

公告企业职业需求后，了解企业成员反馈；

预测并防止可能产生的误解及副作用；

通过宣讲，调动企业员工职业生涯发展积极性；

形成文件如下。

《企业职业需求公告制度》；

《2013年企业职业-职位需求公告》；

《企业成员对职业需求公告的反馈》；

（企业员工的反馈态度统计分析）

2. 通——选择职业、设计通道

协助具体候选人员，根据企业战略规划和职业分类、能力分级的要求，设计出自己职业生涯成长的最佳职业通道，得到上级的支持和帮助。所需文件如下：

《企业内部职业发展通道》；

《企业成员个性化职业通道设计》；

《企业内部职业发展通道》，设计企业内部职业发展通道，协助参与项目的人员完成企业成员个性化职业通道设计；

《企业成员个性化职业通道设计》，按照职业分类、能力分级、分等，建立岗位胜任素质模型体系。

什么是职业发展通道?

如果开车从天津去北京，你知道有几条道路可供选择吗?现在有三条高速、一条国道。

如果想实现人生价值、取得人生成功，有几条职业道路可以走？对职业为什么要分类？对职业的能力为什么要分级？职业分类、能力分级对培养人才的重要性是什么？职业素质、职业能力和职业化水平之间是什么关系？这些事情有必要思考清楚、讲解清楚！因为这对于个人的职业生涯发展；对于指导员工职业生涯发展、对于人才梯队建设、对于子女的教育都有重要意义！

“通”就是设计一些职业通道，让员工选择一个道路，通过一个个阶段性目标，最后把道路打通。“通”指帮助员工选择职业、设计通道。现在，大学生找工作，农民工找饭碗，转业军人找职位。这些说法都不准确，正确的说法称为选择职业。如果你拥有这个职位，但不具备这个职位所要求的职业素质，这个职位就白给你了。董事长这个职位好不好？所有决策权都在董事长手上，大家都非常恭敬他。但是如果不具备董事长职位的职业素质，做不了决策，空要这个职位也没有用。在由一系列职位连接的职业道路上怎么走，需要设计一个通道。

企业建立了几条职业通道？企业的职业通道从大的角度而言，要有技术通道、业务通道、管理通道、文秘和行政人员安全通道。每条通道上还得有几条分道。

3. 审——管理职业、年度评审

“审”指为企业内部职业管理做年度评审。年度评审应该如何做？

对上一年度企业内部的职业通道建设、使用情况、人才成长做年度评审，主要内容：企业建成了几条职业通道？每条通道上有几条分道？有几座转换职业通道的立交桥？建立了多少项职业能力标准？公司有多少个职位或岗位？每个职位或岗位上都有人吗？这些人胜任吗？他们的优势是哪些？不足是哪些？

企业内部的职业管理年度评审包括以下工作和文件：

盘点职业管理情况；

检查职业通道使用效果，发现问题；

制定下一年度职业管理工作规划；

固化职业分类、能力分级的经验；

考核各类职业人员的就位、胜任、欠缺情况；

调整企业内部职业规划；

《职业管理年度评审报告》；

《企业内部职业规划调整报告》；

《下一步年度职业管理工作计划》。

三、提升员工的职业化水平

何谓职业化？概括地说，职业化包括五个因素：道德社会化，性格角色化，言行专业化，能力结果化，结果认同化。

1. 道德社会化

什么是道德社会化呢？一般来说，道德社会化包含两层含义：一是指社会成员在道德方面的掌握程度和应用程度，即个体道德的社会化程度。另一是指个体按照一定社会的道德要求进行的道德改造、道德训练和道德提高等行为活动，是指个体道德社会化过程。这两种含义虽然有所不同，但却表达了这样一个事实：即道德社会化是指符合一定利益的道德要求被社会成员接受的过程和程度。

每个人都有自己的是非标准，有自己的对错观念；但是当他从事一种职业时，所作所为必须符合社会公德，也就是人们通常说的职业伦理或者是职业道德。职业道德是指从业者在职业活动中应该普遍遵循的道德规范。每一个从业人员在工作中，都要遵崇其特定的职业道德，如医生、护士要遵崇医德，救死扶伤；教师要崇尚师德，教书育人。一个匮乏职业道德的员工，是不能称其为职业化的员工。道德职业化，要求员工遵崇职业道德（如敬业、诚信、严谨、负责等），并用职业道德规范要求自己。

2. 性格角色化

一个人让自己的情绪自由表达，表现出来的是本我角色的性格；但在职场上，一个人的说话方式、行为方式要与职业角色相符；在组织中则受职务的影响，表现为组织角色。

每个人都有自己独特的性格特征，如有的外向，有的内向，有的热情如火，有的温柔似水等，而不同的职业对其从业者来说，需要有与之相匹配的性格特征，这是员工职业化的内在要求。以推销职业为例，内向性格的人在与陌生客人打交道时，也要大方、热情、主动，否则就难从事该职业。当我们的性格同所从事的职业及特点相吻合时，就能做到性格角色化。

3. 言行专业化

言行专业化指言行规范化和言行程序化。规范化中的“规”就是标准；“范”就是可以示范。程序化中的“程”是把工作分成一个个模块，先说什么，后说什么；先做什么，后做什么；这叫作分程；“序”就是按照逻辑关系将这些语言、行为模块连接起来。因此，专业化就是有标准、可示范、工作合理的分程，按照逻辑关系将工作模块连在一起。

不同的职业，有不同的言行规范。一个员工的职业化，总是通过他在日常工作规范化的一言一行中体现出来的。如从事教师职业的一言一行，要体现出为人师表；从事护士职业的一言一行，要折射出对患者关爱与负责精神等。一个员工的一言一行，只有同所从事的职业高度吻合的时候，其言行才能称得上专业化。

4. 能力结果化

员工职业化，不仅重视工作过程，更重视工作结果。在工作中，没有工作业绩或工作业绩不高的员工，都不能称之为职业化的员工。工作结果化，这是员工职业化的本质要求。因此，离开了工作业绩去考核员工的职业化，这种考核结果并没有什么实际价值。

在企业，职业化的员工不讲苦劳，只讲功劳。不管一个人觉得自己的知识多么丰富，能力多么强，在职场上是要以结果来证明的，而收入高应该是以工作结果好为基础的。

影响收入的因素有很多，有个人的因素，也有外部的因素。

我在一些企业进行职业生涯开发与管理培训时，对于影响个人长期收入的关键因素做了调查。培训前许多员工选择的是“被人认可的职业能力”；但是在培训之后，绝大多数人改变了想法，选择了“被认可的工作结果”。这种转变说明绝大多数人认识到在职业生涯发展中，最重要的是向企业和社会提供优秀的职业成果，说明他们开始树立了以优秀结果为导向的正确职业观。

我在日本公司工作的那段时间，深刻理解了什么是对结果负责。

日本人的管理是严格的，这种严格能培养员工的职业化素质。

【案例】

有一次，公司内勤人员对我讲：“明天早上在第一中心医院一楼会议室召开学术顾问委员会会议，你要按时到达。”第二天早上，我8点40分就来到会场，可是等到8点55分还是没有一个人来——既没有公司的同事，也没有我们的医学顾问。

我赶紧给公司打电话，公司内勤告诉我会议是在总医院开。我问：“怎么改了？”内勤说：“原来定的就是总医院。”我骑车飞快到达总医院的一楼会议室，经营科的日本同事对我说：“快进去，经理在等你。”我进会场时，看到日方经理平常短短的脸，拉得有两倍长。我心里想：冲我拉长脸干什么？又不是我的错！是内勤通知的不清楚。

会后，日本经理对我说：“你今天迟到了11分钟，你要写一份检查。”我当时非常生气。我心想：你有什么资格让我写检查？又不是我的错。日本经理看出我没有写检查的意思，就又说：“如果不写检查，就停职反省。”我在公司里敷衍了事地写了半页纸的检查。他说：“不合格！停职反省三天。继续写！”我气愤至极。

然而两天后发生的另一件事情改变了我的观念。日本经理问经营科长说："我们在上海的市场开发工作做好了吗？"日本科长说："都做好了。医药公司已经同意进货。医院以及药剂科也同意买药。医生、护士都进行了使用新型输液剂的培训。他们都愿意用我们的新药品。"经理质问科长："那为什么这些药还在我们公司的仓库里？"

科长说："那是因为天津火车站没有车皮把我们的药运到上海，我也没有办法。"

经理猛拍桌案，站起来怒吼："只要这些药没到患者手里，就是你的错。你必须解决问题！"

科长跟我说："社明，咱们现在到天津铁路局去调车皮。"我说："铁路局又不是你们家开的，你想调就能调着吗？"

科长说："经理说得对。只要药品没到患者手中，就是我们没有完成工作。我们去争取吧。"

后来经过和铁路局的协商，终于安排了车皮，把我们的药很快运到上海。

这件事使我深深地认识到：当一件事没有干成时，总是能为推卸责任找到理由——理由找得越多，就离发现客观规律越远。谁将责任推得干干净净，谁就与成功绝缘了。

人生成功从职业生涯发展开始；职业生涯发展从做好本职工作开始；做好本职工作从对结果负责开始；对结果负责从找自己的错开始。我去参加会议，我就有责任问清地址在哪，有责任保证自己提前到达会场。

之后，我认认真真地写了一份检查交给日本经理。

至今我仍然为此事感谢他——在我以后的20多年职业生涯里，企业召开的任何会议我都是提前到达，再也没有迟到过。

5. 结果认同化

无论一个人的职业化水平有多高，职业素质有多强，其生产的产品或提供的服务必须能够被顾客接受，被顾客接受的重要标志是顾客愿意付钱购买，企业经营有效益。

通常所说的顾客分两种：一是企业内部顾客，如评价企业人力资源管理岗位员工的职业化，就要看其企业各部门领导和员工，对其工作结果是否认同；二是企业外部顾客，如评价企业产品生产岗位员工的职业化，就要考察他们所生产的产品及质量是否被顾客所认同。这里所说的顾客是企业外部顾客。因此，使工作结果得到顾客的认同，这是员工实现职业化的根本途径。

道德社会化、性格角色化、言行专业化、能力结果化、结果认同化，构成了职业化的内容。

请关注一下现在你正在做的工作，你的做法体现了高度职业化吗？你将如何提升职业化水平呢？

四、提升职业能力的六个层次

【案例】

我在某石化企业做了三天职业生涯管理培训之后，该企业的宾馆总经理赵总邀请我多住一天，好好休息一下。我说："我今天还要赶回北京，明天在北京大学有总裁班的职业生涯课程。"赵总热情地说："那吃了晚饭再走。"我说："飞机上有晚餐。"赵总说："我们的晚餐比飞机上的好多了！"盛情难却，我欣然赴宴。餐末，赵总说："您尝尝我们这里的饺子吧，薄皮大馅，特别好吃！"热气腾腾的饺子端上来后，赵总又热情地说："我给您来点醋。"餐桌上有两支小壶，壶上有标签，标签上有很小的字。赵总拿起一支小壶，靠近眼睛，仔细看，上面写的是：酱油，那另一支就应该装的是醋。赵总站起来，拿起这支壶，给程老师倒，但倒出来的竟然还是酱油！赵总有些尴尬，连忙道歉："怎么搞的，两支壶里装的都是酱油。"忙喊："服务员！拿醋壶过来！"服务员说："餐桌上有醋壶呀。"赵总生气了："你过来看看，两支酱油壶！"服务员三步并作两步，送过来一支壶。这次赵总多了一个心眼儿，没有直接往外倒，而是认真看壶上的标签：醋。这才笑着对我说："程老师，给您倒点醋。"但是，倒出来的还是酱油！赵总气愤了！大声喊："服务员，拿醋壶过来！"服务员说："不是刚送过去吗？"赵总吼道："这支醋壶里装的还是酱油！"服务员连跑带颠，赶忙又送过来一支醋壶。赵总强压怒火，看看壶上的标签：醋。打开壶盖，使劲闻了一下，是酸味！这才放心地给我倒醋。醋壶几乎都倾覆了，竟然没有倒出一滴醋，空壶！三次没有倒出醋，赵总忍无可忍，终于愤怒了！想砸壶！想骂人！服务员和餐厅经理不停地哆嗦，不停地道歉，一脸的惭愧，不知所措。

我赶忙说："赵总，您别生气，我给他们提点建议吧。"

我：“你们餐厅的醋壶、酱油壶一共有多少支？”餐厅经理：“大约一百多支。”

我：“你们餐厅的服务员有多少人？”餐厅经理：“两个班次有三十多人。”

我：“谁管理醋壶、酱油壶？”餐厅经理：“服务员呀”

我：“哪个服务员？”餐厅经理：“所有的服务员。”

我：“就是说，所有的服务员管理所有的酱油壶、醋壶，是吗？”餐厅经理：“是呀。”

我：“他们怎么管理呢？”餐厅经理：“我也不太清楚。”

我：“有相关的制度和工作流程了吗？”餐厅经理一脸的困惑：“管理酱油壶、醋壶还需要制度和流程呀？”

我决定用能力六层次的方法，帮助他们解决这个问题。

1. 发现问题：三次没有倒成醋。

2. 分析原因：酱油壶、醋壶没有专人负责，没有相关的制度和流程。

3. 提出方案：

⑴给所有的醋壶、酱油壶编号，指定专人负责。

⑵壶上标签的字体放大，要清晰醒目。

⑶每周清洗一次，保证瓶身、瓶口干净，没有渍迹。

⑷装醋或酱油，容量的二分之一以上，三分之二以下。

⑸以上工作，餐厅经理定期抽查。对连续三次检查合格的员工给予表扬和奖励，对检查不合格的员工，给予批评，必要时，给予处罚。

4. 说服相关人员接受方案：经过解释，赵总和餐厅经理都欣然接受我的建议。

5. 方案实施：赵总责成餐厅经理具体落实相关负责人员，制定相关工作制度及流程，报上级备案，传达给下级执行。

6. 达成效果：两个月后，我再次来到这家企业的宾馆餐厅，特意点了一盘饺子。我看到餐桌上有两支洁白挺拔的壶具，蓝色的烤漆大字非常醒目，一个是“酱油”，另一个是“香醋”，我拿起壶，在壶底看到了壶具的编号；拿起壶盖，壶口没有任何渍迹；检查壶内，无论是酱油还是醋，都是多半壶。程博士把餐厅经理请来，问到：“你们进步真快呀！怎么做到的？”餐厅经理说：“我们已经分壶到人了，现在整个餐厅两班服务员只要四个人管理酱油壶、醋壶，分工明确，标准清晰，再没有出现酱油、醋混装或空壶的事情了。”我高兴地说：“你们可以将这个经验用到餐厅管理的其他事项中。”

第四节 战略管理、绩效管理与职业生涯管理

企业战略管理、绩效管理和职业生涯管理是企业发展最基本的三个方面，三者之间相互依存、相互支撑，缺一不可。在企业发展中，三者整合得越好，企业的生命力就越强。

一、战略管理决定企业的生存和发展

企业战略管理是对企业方向性、长期性、全局性的管理，这些事项决定着企业的生死存亡和企业的发展。没有成功的战略管理，

企业就会失去正确的发展方向。

实施企业战略管理，就是在进行SWOT分析的基础上，首先确定企业的发展领域，是朝行业上游发展？还是朝下游发展？是在原范围内发展？还是跨领域经营？其次要确定发展策略，是扩张？还是收缩或是维持？第三要确定价格策略，是锁定高端客户高端定价？还是面向大众低端定价或是以独特产品或服务差异定价？

现代企业战略管理特别强调确定企业发展的商业模式。商业模式包括：企业价值观模式、研发模式、生产模式、经营模式、盈利模式、客服模式、企业内部职业管理模式等。

企业战略管理是企业高层工作的核心内容。企业战略决策有十个特性：方向性、长期性、全局性、纲领性、稳定性、发展性、对抗性、风险性、主动性和操作性。

新年伊始，企业老总需要问自己四个问题：公司制定、发布企业战略发展规划了吗？这个规划是否符合战略规划的十个特性？有没有绩效管理体系落实这些战略规划？企业成员的职业素质是否可以实现这些规划？

二、绩效管理的内容包括想法、说法、做法和结果

许多企业高层经理把绩效管理视为对中层、基层人员工作结果的管理。实际上，他们进入了绩效管理的认识误区。

绩效管理是对企业管理过程中涉及的想法（价值观）、说法（表述内容和表达方式）、做法（行为内容和行为方式）以及由此产生的结果（数据、实物、氛围感觉等）进行管理，即绩效管理是一个预

测、引导、示范、训练、实施、评价、控制、分析和展示的过程。

企业绩效是谁的绩效？岗位绩效是员工的绩效，部门绩效是经理的绩效，企业绩效就是老总的绩效。所以，绩效管理对象应该是企业里的所有人，绩效管理的主要内容是老板的想法，即老板的思维绩效；管理人员的说法，即管理人员的语言绩效；基层人员的做法，即操作者的行为绩效，以及由此产生的各种产品、服务和相关数据的结果。

企业老总的想法，即价值观和追求目标，影响着企业老总和高层管理人员的说法；企业管理人员的说法影响着基层人员的做法即行为方式；基层人员的做法，决定着企业运作的结果。我们来看两个案例。

【案例】

1984年，张瑞敏接手海尔的时候，海尔是个亏损147万元的小厂。借改革开放的大潮，张瑞敏到德国洽谈合作项目。看着德国超市琳琅满目的商品，张瑞敏问德国人这里有没有中国的产品，德国人说：在有的小商店会卖些中国的烟花爆竹。说者无意，听者痛心！快到21世纪了，难道中国人就只能靠老祖先的发明挣些可怜的外汇吗？张瑞敏下定决心创建一个优秀的企业，让高质量的产品卖遍全世界（企业老总的价值观和追求目标）。1985年，面对质量不合格的产品，张瑞敏说服干部、职工，轮起铁锤，砸烂76台冰箱，从此海尔树立了做家电行业强势品牌目标，开始了狠抓质量的品质管理。20多年来，海尔持续稳定发展，已成为在海内外享有高度美誉的大型国际化企业集团。产品从1984年的单一冰箱发展到拥有白色家电、黑色家电、米色家电在内的96大门类15100多个规格的产品群，出口到世界100多个国家和地区。2006年，海尔集团实现全球营业额1075亿元（企业的产品和整体经营结果）。

这个案例使我们了解到，海尔由一家国内亏损企业发展为一个世界知名企业集团，在最初的原因上取决于张瑞敏的思维绩效。

【案例】

广州某公司总经理的理念是：只要能够赚钱可以不择手段，可以不顾消费者的健康和利益。因此，他们利用顾客喜爱红心冒油蛋黄的心理，决定用化工原料苏丹红生产红心鸭蛋。因此，管理人员的说法就是组织购买化工原料苏丹红，而操作人员的做法就是给鸭子喂食苏丹红，然后将这些“化工产品”销往各地，最终肇事者受到法律制裁，被法院判处有期徒刑15年，并处230万元罚款。

这个案例说明，如果企业老总的思维绩效出了问题，管理人员的语言绩效和基层人员的行为绩效就会出问题，企业的总体绩效就会非常差，甚至危害社会。

企业老总的思维绩效正确，企业才能有员工利益、企业利益、社会利益相结合的正确决策；管理人员有正确的语言绩效，才能准确传达、解释企业的决策和工作计划，有效调动员工的工作积极性；全体工作人员有正确的行为绩效，才能制造优质产品、提供优质服务，最后实现企业效益。

对思维绩效的管理有超前性，对语言绩效的管理有现实性，对行为绩效的管理有即时性，对结果数据的管理有滞后性。如果绩效管理只是针对结果数据，就像被一头病牛拖着连滚带爬。只有将思维绩效、语言绩效、行为绩效、结果数据都抓好，才能像指挥一艘战舰驶向正确的战斗区域，夺取战役胜利。

三、战略管理和绩效管理离不开职业生涯管理

绩效管理的目的是让战略发展规划落到实处。绩效管理如果不和企业战略管理相结合，就失去服务对象。战略管理的重点在于正确决策；绩效管理的重点在于高效执行。那么，企业人员在哪种情况下才心甘情愿地接受绩效管理？

组织成员职业素质的提升，是制定和实施企业战略规划的保证。职业生涯开发与管理的目的是通过人力资源动态配置，实现企业资本增值，其长远作用在于提升企业成员职业素质，促进人的全面发展。

如果没有进行职业生涯开发与管理，没有职业素质的提升，企业中可能根本没有人能够制定出正确的战略发展规划，或者即使请咨询公司帮助制定了战略发展规划，企业也没有足够的人才实现这些规划。

绩效管理必然涉及目标分解、监督、调控、考核、评价、奖惩。为了让相关人员积极参与、主动配合，企业必须让他们感受到绩效管理对自己职业生涯发展的有效帮助。否则，绩效管理就会被认为是负担、枷锁。

只有当企业成员体会到绩效管理不仅对老板和企业提高营业额、增加效益有用，而且对自己增加收入、职业生涯发展也非常有益时，大家才会积极配合、认真执行。只有组织成员的职业观

念、知识、技能等达到相应水平时，才能创造优秀业绩。组织成员职业素质的提升，是制定和实施企业战略规划、落实绩效目标的基本保证。

1．职业生涯开发与管理的基本工作

职业生涯管理的前提是职业管理。许多企业高层管理者非常重视职位管理，却完全忽视职业管理，以至于被问到企业里有多少个职位时能脱口而出，被问到企业有多少职业时却一片茫然。做好职业管理要回答以下几个问题：企业发展需要哪些职业？每种职业需要哪级人才？每级人才需要多少人？每个人能干多长时间？如何培养后续职业人才？

职业生涯开发与管理要做好六项基本工作，即“测”、“定”、“学”，“干”、“评”、“发”。

“测”，就是通过软件测评、实境模拟测评等手段进行职业生涯潜能测评，目的是发现人的潜能。

“定”，就是制定职业生涯规划，即定位、定向、定目标、定方法、定时间、定成功标准，目的是激发潜能。

“学”，就是树立职业生涯终生学习的观念，通过不断向书本学习、向他人学习、向实践学习，树立正确的职业观念，提高情绪智力，提高沟通能力，学会与团队相处、与客户相处、与竞争对手相处，其目的是强化潜能。

“干”，就是职业生涯实践，在一定的组织环境中抓住机会或创造机会，把失误和教训变成财富，目的是发挥潜能。

“评”，就是职业生涯评价，通过个人评价、家庭评价、企业评价、社会评价，全过程、全方位地评价一个人的阶段性职业生涯成果或终生性职业生涯成果，目的是检查潜能。

“发”，就是职业生涯发展，通过内职业生涯发展和外职业生涯发展两个方面，来体现职业生涯的绚丽多彩和丰硕成果，目的是实现潜能。

职业生涯开发与管理的结果，是要帮助个人实现人生成功，企业基业长青，社会和谐发展。

2. 职业生涯管理的核心是内职业生涯发展

一个人的职业生涯就是从事职业的过程，一个人的人生成功主要是通过职业生涯成功体现的。取得职业生涯成功发展的一个重要规律就是用内职业生涯发展带动外职业生涯发展。

内职业生涯指从事一种职业时的知识、观念、经验、能力、心理素质、身体健康、内心感受等因素的组合及其变化过程。外职业生涯指从事一种职业时的工作时间、工作地点、工作单位、工作内容、工作职务与职称、工资待遇等因素的组合及其变化过程。

内职业生涯改变了，外职业生涯不一定立即变；外职业生涯改变了，内职业生涯必须马上改变。

外职业生涯通常由别人决定、给予、认可，也容易被别人否定、收回或剥夺。内职业生涯主要靠自己的不断探索而获得，不随外职业生涯的获得而自动具备，也不会由于外职业生涯的失去而自动丧失。内职业生涯的转变靠积累，渐变；外职业生涯的转变靠机缘，突变。内职业生涯的发展是外职业生涯发展的前提；内职业生涯发展带动外职业生涯发展，外职业生涯发展促进内职业生涯发展；内职业生涯的发展以外职业生涯的发展或成果展示；内职业生涯的匮乏以外职业生涯的停滞或失败呈现。

当外职业生涯比内职业生涯超前恰当时有动力，超前较多时有压力，超前太多时有毁灭力；内职业生涯比外职业生涯超前恰当时很舒心，超前较多时很烦心，超前太多时要变心。

3. 职业生涯规划是职业生涯管理最有效的工具

市场经济社会是没有终生职业的社会，如何在没有终生职业的社会里终生有职业？如何真正成为自己人生之舟的船长？职业生涯规划是最有效的工具！撰写并落实职业生涯规划就是做自己人生的编剧、导演和主角。没有职业生涯规划，就只能做别人人生的剧务、场记和配角，有时甚至只是个道具。

在企业中谁最应该做职业生涯规划？并不是新来的大学毕业生，不是基层的员工，不是中层的管理人员，而是企业的董事长、总经理、人力资源总监等高级管理人员。企业老总的个人职业生涯目标决定着企业发展目标。企业高级管理人员的个人职业生涯目标影响着企业发展目标是否能实现。如果全中国所有职场人士都能学会制定、实施职业生涯规划，如果中华大地能培育出世界一流的最优秀的职业人才，中华民族就是一个更加会工作、更加会生活、更加会创造物质文明和精神文明的优秀民族！中国就会出现更多的优秀企业家、优秀的职业经理、优秀的科学家、优秀的艺术家、优秀的教育家、优秀的运动员，我们的国家将会更加强大和繁荣。进行职业生涯观念革命，推动职业素质提升，是21世纪全中华民族的伟大事业！

第五章 员工职业生涯开发与管理：人才在职业路上成长

第一节 职业生涯

一、职业生涯影响力大的原因

1. 职业生涯的发展决定人生需求满足程度

人生是一段丰富多彩的历程：

5岁的你，也许睁大好奇的眼睛向大人们问这问那；

10岁的你，也许幻想着长大以后干什么工作；

20岁的你，也许会为校园外的纷繁复杂而迷茫；

30岁的你，也许正忙于奔波在家庭与职场之间；

40岁的你，也许正苦苦思索我到底为什么而拼搏。

人在不同的人生阶段，有不同的需求、不同的愿望。在满足需求、达成愿望、实现人生价值的过程中，职业生涯是最为重要的组成部分。

人在一生中有很多需求，这些需求的满足状况直接影响一个人的痛苦与快乐。你是否了解自己的需求？是否分析过自己的需求？为什么你的需求似乎永无止境？为什么你和别人的需求有很多不同？怎样才能让你的需求得到满足？

马斯洛在晚年对其“人生需求五层次”理论进行了扩展研究，在他去世后，他的学生将他最后的研究成果发表出来，即人生需求八层次理论。这个理论把人的需求从基本需求到高层次需求分为：生理需求、安全需求、友爱和归属的需求、受尊敬的需求、求知的需求、求美的需求、自我实现的需求以及天人合一的最高需求。本书作者在此基础之上，研究出人生需求与做人、做事以及职业、事业的关系。

人最基本的需求是生理需求和安全需求。人刚出生时需要氧气、水、食物，也需要被抚摸、有适合的环境得以休息等，长大以后还有对于性的需求等，这些都是人正常的生存需求和生理需求。

安全需求，即心理安全和生理安全的需求。每个人刚参加工作的时候是否认真地思考过这个问题：我为什么要工作？也许最初的动机是认为长大成人后，自己要有一个生活保障，不能再让父母养活，不能一辈子靠父母关照。所以人们开始参加工作的时候，主要是为了满足自己的生存需求和安全需求。

【案例】

1990年，我赴法国留学，在实习结束以后只身来到巴黎。刚开始找不到工作，我生活遇到了很大的困难：有一段时间，我在巴黎那个高消费的城市一个月只花200法郎（合人民币160元钱）吃饭，当时买一个三明治就要16法郎。

我很爱吃肉，但又吃不起，我意外发现法国肉店卖的骨头很便宜。在法国肉店里的骨头一般是卖给谁吃呢？有人说是狗吃，有人说是穷人吃，都不对。准确的答案是穷人家的狗吃。人家去买肉的时候，顺便向卖肉的要几块儿免费的骨头。我一看价钱，买不起肉，就问："光要骨头多少钱一斤？"卖肉的说："排骨4法郎一公斤。"我一算比在国内还便宜，挺高兴，就说："太好了，来两公斤。"卖肉的问："你家有多大一条狗？"我心想：你管得着多大一条狗。买了排骨回来，我就把骨头、胡萝卜、米饭加点盐，做成一锅，吃一半–天只吃一顿饭，留一半，隔天再吃。

后来再买排骨时卖肉的总问，于是我就想干脆一次多买点儿，放在房东家的冰箱里。我说："来四公斤。"卖肉的问："这回四公斤了？你家狗到底多大？"我说："就像我这么大！"

后来有人介绍我到一家小型信息技术公司工作。工作第一天，老板娘说："我接受你来实习，每天管中饭，但没有工资，你同意吗？""同意，同意！"我连忙回答。

第一天的工作是清扫仓库。一年没有打扫过的仓库堆积了厚厚的灰尘，充满发霉的气味。和我一同实习的还有一个法国的女大学生，老板娘给她的工作是复印资料，可是她仍不满意，说："我是来实习的，不是来干杂活的。"老板娘客气地说："请您回头看，大门为您开好了。"看到女学生被老板娘请出去，我立刻去认真打扫仓库，心中企盼着那顿能吃饱肚子的午餐。

那个时候我的工作目的就是为了满足自己的生存需求，为了能吃饱饭。

生理需求、安全需求满足后，就会产生友爱和归属的需求。人怕孤独，需要有归属感。如果某人在团队中不被认同，每天除了挨批评就是遭排斥，领导每天反复说："你太让我失望了！"这个人会恨不得马上离开这个团队，找一个能够认同自己的集体。

友爱和归属的需求满足后，是受尊敬的需求。这包括他人对自己人格的尊重，对自己工作成果的尊重，对自己家庭地位及社会地位的尊重等。

马斯洛补充的重要需求是求知、求美的需求。求知的过程是对原因、历程、方法和答案的探索过程。"求知"是指我们不但要做事情，还要明白为什么要做、为什么要这样做、怎样才能做得更好。这时候，我们会产生非常强烈的学习愿望。"求美"是指我们不单想做事，还想把事情做得漂亮，做得让自己满意、自豪，让别人欣赏、赞美。每个人做完工作，都希望他人说："这个工作是谁完成的？做得真漂亮、真好！"从事任何一个职业的人在完成一项工作后，都希望他人对自己的工作结果表示赞赏，从而产生一种愉悦的心理体验，这是人在满足基本需求以后，自然而然会产生出来的高级需求。

人更高级的需求是自我实现的需求。即美梦成真的需求，每个人都愿意将自己的美梦变成美好的现实。自我实现的需求是所有基本需求都满足以后所产生的更进一步的需求。自我实现的需求能够激励我们将自身的潜能不断发挥出来，从而实现我们更多的梦想。

人最高级的需求是天人合一的需求。人生需求的最高层次是达到天人合一的境界。天人合一的“天”，是指客观规律。天人合一就是指人们要认识客观规律、遵循客观规律、利用客观规律，按照客观规律办事。职业生涯的发展也有其客观规律，我们在职业生涯的实践中逐步探索并找到客观规律。按照客观规律办事可使我们的职业生涯少走弯路，让我们更快地取得成功。

对一个职业人来说，当温饱问题解决了，如果不向更高层次去发展，身边的人发展了，你就属于落后分子，将来就会成为单位里可有可无的人，当别人本事更大时你就会被取而代之。因为以前靠努力和勤奋会引起领导的重视，将来还得靠真的有本事、有职业素质、有求知的欲望、有求美的本领。如果你没有这些能力，你就要面临淘汰的危险。所以人生需求要想得到满足，必须得靠职业生涯的发展。因为我们是靠职业来满足人生需求、实现人生价值的。

一个人职业生涯发展的成功，决定了人生需求，特别是高级需求的满足程度。职业生涯越发展，满足高级需求的能力就越强。

在这里也要给管理者提个醒，千万不要认为以前给员工发点儿奖金他就高兴，现在给他发点儿奖金他也一样会高兴。当员工的需求点提高后，你能不能满足他受尊重的需求？能不能满足他求知求美、自我实现的需求？管理者要是想满足员工自我实现的需求，就应该知道员工更高层次的需求是什么，这样才能去满足其需求。只有满足了员工更高层次的需求，员工才会觉得自身价值得到了体现，才会更加努力地工作，为企业发展做出贡献。

【案例】

我留法期间，一个月吃饭花两百法郎，听说法国人养一条狗一个月花五百法郎。有一次他看到报纸上有一条广告，一家日本公司招聘一个打包工，将包裹打包从法国寄往日本，每小时工资50法郎。我当时想一天干四个小时，一个月的饭钱就够了。于是精心准备，穿上西装、带上领带，把我所有的文凭证书都拿上。去了之后，先和日本经理说了15分钟的日语，又说了15分钟的法语。日本经理很高兴，我又给他看了文凭证书。日本经理看了之后说："程先生，你有这么好的文凭、这么好的工作经验、这么多的本事，所以我决定这份工作绝对不能给你。"我吃惊地问："为什么不能给我？"日本经理回答："因为我对你很尊敬，你不能干这个事情，你应该干更重要的事情。"就这样，经理客客气气地把我请了出来。那会儿我的需求点就是生理的需求，而日本人给的满足点在受尊敬的需求层次上。

2. 职业生涯是实现人生价值的重要途径

在社会中，一个人的人生需求怎样得到满足？

一个人职业生涯的发展程度决定了他的人生需求，特别是高级需求的满足程度。怎样才能由满足基本需求过渡到高级需求？是通过职业生涯！即通过从事一个或者多个职业来满足。

每个人都要认真地想一想：自己一生最高层次的追求是什么？怎样才能更多地实现自己的人生价值？你需要通过什么途径来实现？有人说："我家里有钱，不愁吃穿，一生无忧。"没错，基本的温饱问题确实有了保障。如果一个人不从事一个或几个职业，只在家里呆着，最多满足的是自己吃饭、喝水和安全这些基本的需求，但是他能够满足受尊敬的需求吗？他能够感受到团队中的归属感吗？他能够去发挥自己的潜能，实现自己的人生梦想吗？他能够让别人觉得他的一生是一个求知求美的创造过程吗？很难做到，甚至说不可能做到。

一个人的人生价值是在为社会做出贡献和对自我价值的不断认知过程当中来实现的，而这个过程就是我们的职业生涯！

二、职业生涯开发与管理的六个步骤

职业生涯开发与管理——这项工作主要有六个步骤。

第一个步骤是进行职业生涯培训。

什么是职业？什么是职业素质？什么是职业化水平？如何提升职业素质？如何提高职业化水平？什么是职业生涯发展的规律？如何掌握、应用职业生涯发展的规律？这些有关职业、职业生涯的学习内容，在我们过去的教育体系中严重缺失，从小学到大学，从来没把这些内容认认真真地、系统地教给过在学校学习的学生，而家庭教育中也很缺乏这方面的内容。因此企业在做职业管理与职业生涯开发与管理工作的时候，首先要对员工进行职业生涯培训，让大家了解有关职业和职业生涯的基本概念、基本观念、基本理论、基本方法和典型案例。

进行职业生涯培训，可以由企业内部的职业生涯培训师来完成。但是大多数企业内部还没有培养出来职业生涯培训师，因此有必要请专业的职业生涯培训机构、请专业的职业生涯培训师来进行职业生涯培训。

参加职业生涯培训的成员，不仅仅是刚入职的新员工和比较年轻的员工，还包括企业的中层管理人员，也包括企业的高层管理人员，甚至可以说，越是企业的高层管理人员，越应该首先参加职业生涯培训。因为只有企业的高层管理人员清楚了与职业生涯相关的理论和方法，才能更好地领导企业开展这项工作。

职业生涯培训中还有一个非常重要的内容，就是讲解“人生发展”、“人生需求”和“职业生涯”三者的关系，最终要让企业成员们都明白——提升职业素质、获得职业生涯成功，不是为了某一个上级，不是为了老板才要努力的，更重要的是为了自己人生价值的体现，为了自己人生的成功，为了自己家庭的幸福，也应该要争取职业生涯成功。这样就把职业生涯发展的动力源泉指向了个人自身。

第二个步骤是提升职业素质，胜任本职工作。

有的企业是在做这项工作的起初就鼓励员工做职业生涯规划。实际上这种做法是不适宜的。对于一个企业员工来说，首先是要胜任本职工作，如果他连本职工作都不愿意做，或没有做好，就让他做五年、十年的职业生涯规划，他可能更不安心本职工作了。也许这个员工的第一项工作并不是他喜欢的，更不是他愿意干一辈子的工作，但是要让我们的员工明白：职业生涯发展是从做好本职工作开始的。因此提升职业素质，胜任本职工作，是培养一个员工职业生涯发展的必要前提。

提升职业素质，胜任本职工作，成为一个本岗位上合格的优秀员工需要多长时间呢？根据岗位工作的复杂程度不同，所需时长也有差别，一般会需要一年到两年左右的时间，完成从“初学阶段”到“进步阶段”，再到“掌握阶段”直至“熟练阶段”——四个发展阶段。

第三个步骤是是明确职业发展方向。

帮助员工明确职业发展方向意味着什么？

也许这个员工现在是一个技术人员，也许是个业务人员，也许就是个基层操作人员，也许是刚刚走上管理岗位的管理人员，这个时候要引导他考虑五年、十年之后的目标，要朝着哪一种职业方向继续发展。他是要继续成为一个更高级的技术人员、技术专家呢？还是成为管理人员呢？还是成为顶级业务人员？这几种职业有着本质的不同。

技术人员的工作内容指向产品、指向设备、指向生产流程、指向软件开发等。技术人员的工作特点是要求工作人员有比较高的智商，技术水平、相关的专业知识要求是最高的，对于这些工作人员不要求有非常高的情商，因为他主要的工作对象不是和人打交道。

业务人员是与企业的客户、与企业的竞争对手、与企业的合作机构打交道，他要与大量企业外部的人打交道，因此对业务人员要求是有比较高的情商。业务人员要能够了解市场，了解客户的消费心理，能够知道如何跟客户打交道，被拒绝多次也不放弃。

管理人员的工作对象主要是团队。技术人员和业务人员的工作特点是他做好了自己的工作就基本“达标”，而管理人员是整个团队都做好了他的任务才算完成。因此对于管理人员来说，要懂技术，懂产品，还要懂市场，懂竞争，更要懂协调和配合，懂计划和管控，懂考核懂激励，所以对管理人员的要求是：有比较高的智商，也要求有比较高的情商。

一个人在某一个职业生涯发展期间内朝哪个方向发展呢？或者是朝技术人员方向发展，或者是朝业务人员方向发展，还是朝管理人员方向发展，还是兼而有之？他必须头脑清醒。这就叫帮助员工明确职业发展方向。

第四个步骤是制定职业生涯规划。

明确了方向之后还要定目标、定时间、定方法、定成功的标准。职业生涯规划一共有十项内容，十项内容在《你的船你的海——职业生涯规划》这部著作中有非常详细的论述。

第五个步骤是实现阶段性职业生涯目标。

制定了职业生涯规划之后，还要去实现阶段性的发展目标。

一个职业生涯规划可能涉及三年、五年，甚至是八年、十年。但是不能说我定了一个十年发展规划，我十年以后再看看目标实现没实现。要学会把目标分解。每年有每年的目标，甚至每季度、每个月都有目标。因此员工在制定了职业生涯规划之后，还有辅导他实现阶段性的目标。

阶段性目标的实现有什么好处呢？就是让员工有一种阶段性的成功感，增加自信。其实一个非常远大的目标，有的人会觉得非常可怕，难度太大了，难以实现。但只要把这个远大的目标分解成按照每年、每个季度、每个月甚至分解成每天的目标，从一点点做起，正所谓“千里之行，始于足下”，要每天都迈出坚实的一步、几步。那个远大的目标也就能逐步实现。

实现阶段性的发展目标的意义，还有利于和别人的沟通，让别人相信你。让别人相信你是有决心并且有能力逐渐实现自己目标的人。

第六个步骤是职业生涯发展仪式。

举行仪式是人类的一种重要社会现象。但是如果我们去观察，其实很多动物也会有仪式的。狼群也有狼群的仪式，猴群也有猴群的仪式。但人类把仪式发展到了登峰造极的程度。在远古时代，为了庆祝丰收、为了庆祝打猎的成果，或者庆祝一场战争的胜利，人类都会举行仪式。发展到现在，奥运会有奥运会的颁奖仪式。如果运动员拼搏、抢争取得了胜利，最后却没有一个颁奖仪式，那这个奥运会就开不成了。其实很多运动员，奋斗了几年、十几年，就是为了在奥运会上获得奖牌之后能够登上高高的领奖台，去享受那一刻也许是很短时间但令人终生难忘的成功喜悦感。每年一次奥斯卡颁奖仪式，吸引了全世界的影迷，而每年一度的诺贝尔奖的颁奖仪式也吸引了全世界人们的注意。职业生涯发展仪式就是借鉴这些仪式的做法，用正式的、典礼式的活动，来表彰员工在职业生涯发展过程中取得的成果，也许是终身性的成果，也可能是阶段性的成果。

这个仪式要非常隆重地举行。做好职业生涯发展仪式的八字真诀是：“真心实意、意外惊喜”。所谓真心实意是指仪式的举办方、所有的参与人员都要带着一种真诚的心来举办这样的仪式。意外惊喜说的是要制造一些氛围，制造一些环节，让受表彰的企业成员感受到那份意外惊喜。意外惊喜对他的激励性会更大。

职业生涯开发与管理是一项系统工程。我们再重复一遍主要的六个步骤。第一：职业生涯培训；第二，提升职业素质，胜任本职工作；第三：明确职业发展方向；第四：制定职业生涯规划；第五：实现阶段性的发展目标；第六：职业生涯发展仪式。当然在实际操作中还有比这些内容更详细、更具体的流程和方法。

总而言之，在一个企业中如果有生产工作，管理是有一套程序的，把原材料加工成半成品，再加工成成品，再通过包装加工成商品推向市场。可是，面对企业里的工作人员，企业中是否有一套制度、流程，能够把一个刚来面试的员工、刚刚上班的新员工，把他培养成合格的员工，再培养成骨干员工，再培养成优秀员工，再提拔成管理人员，最后成为企业的中流砥柱，企业有没有这么完整的一套制度和流程呢？实际上，大多数企业都还没有建立这套完整的制度和流程。企业里的职业管理和职业生涯开发与管理就是这么一套理论和方法，使得企业人员的培养能够做到制度化、流程化、模块化，能够有计划地为企业培养、建设人才梯队，尤其是培养管理人才梯队。当企业的管理人才成长，能够跟得上、或者做得更好一些，能够超前于企业的发展，这个企业才能真正做到基业长青。

三、职业锚

人生如航行，船行驶在海上乘风破浪，是一道亮丽的风景。当我们离开学校、进入企业时，就相当于开始驾驶着自己的人生之舟在社会的海洋中航行或是漂泊。航行和漂泊是有区别的：航行有方向、有目标；漂泊则是没有方向、没有目标。有人说："我有方向吧，不太明确；有目标吧，不太固定。这属于航行还是漂泊呢？"这种情况属于航漂，就是有时航行有时漂泊。不论你那艘船在海上航行还是漂泊，或是航漂，反正不能总是在海上游荡，需要找到一个锚地。你在职场中不管是跳槽还是跳高，不能总是跳来跳去，需要找到一个最佳贡献区，以后只跳高，就不再跳槽了。

亲爱的青年朋友，你听过"职业锚"这个概念吗？很多人尤其是青年人是第一次听说"职业锚"这个概念。这个概念对于在职场上打拼的人而言是十分重要的。船上的锚对船起定位作用，职业锚帮我们在职场中找到最佳定位。

1. 职业锚的概念

你每天奔波忙碌是干活？还是工作？是从事一个职业？还是从事一项事业？是受煎熬？还是享受成功？这取决于你是否找到了你的职业锚！找到职业锚，才能真正做自己人生之舟的船长。概括地说，职业锚就是你的最佳职业定位。

通常情况下，人们刚参加工作的时候并不知道自己的最佳职业定位是什么。一个人的职业锚是其内心世界和工作情境之间长期相互作用的产物，通过若干年的实际工作后才能够被发现。一般来说，开始主动地、有意识地努力寻找职业锚的平均年龄是35岁，找到职业锚的平均年龄是40岁。

职业锚的概念最早是由美国施恩教授在1978年出版的《职业动

力论》这本书中提到的。但是对“职业锚”清晰定义是在26年以后才产生的。

2004年，我在浙江巨化股份有限公司进行职业生涯开发与管理培训时，与该公司的党委书记苗育先生共同研讨确定了职业锚的定义：职业锚就是最佳职业定位，是一个人在长期的职业生涯实践中通过内外部条件、因素的比较，自觉主动选择出最有利于自身发展和能够做出最大贡献的职业定位。

找到职业锚之前，一个人不过是自己人生之舟的水手，找到职业锚之后才真正是自己人生之舟的船长。

2. 如何找到职业锚

如何找到职业锚？回答这个问题之前先要弄清楚三个问题。

第一，职业和事业有什么区别？

职业和事业不一定是两件完全截然分开的不同工作，可能就是同一件事情，分水岭就在于职业锚。确定职业锚之日，就是职业转变为事业之时，从此，自己的职业生涯转变为事业生涯。任何一个人来到世界上都是有使命的！是一定要完成一件事情的！找职业锚的过程就是找自己的人生使命。自己的人生使命是什么？自己一定要完成的那件事情是什么？要想明白的那件事情，绝不仅仅是让家庭传宗接代，而是有更重要的人生价值和社会意义。

第二，你每天在干什么？

有的人是在干活，受累遭罪也要干，为了养家糊口；有的人每天就是去工作，上班挣钱，为了有个安全保障；有的人想到的是自己从事一个职业，重视社会地位和专业技能；而有的人想到的是从事一项事业，他的关注点在于社会贡献和人生价值。是干活还是上班？是从事一个职业还是从事一项事业？这不取决于那项工作本身，而是取决于做这份工作时的心态和工作结果。

第三，你每天在为谁而努力？

我们刚参加工作的时候，主要是为满足自己个人的生理需求和心理需求。等结了婚、有了自己的小家庭和孩子，要为家人，当然也要孝敬父母。生活条件进一步改善了，要帮助亲戚、朋友。如果在企业做了管理人员，要为同事。做了企业高层管理人员，还要为企业。有没有可能把自己努力的境界再提高一个层次：为民族、为国家、为社会！有人说："咱们平民百姓，能做到为家人、为朋友，那是本分。为同事、为企业，那就已经很不简单了。为民族、为国家、为社会，那是国家领导人应该操心的事情，我一个平民百姓，能管得了那么多吗？要是能做到那些我不就成伟人了吗？"

什么是伟人？查阅一些伟人的传记，看来看去就可以发现一个秘密：所有被称作伟人的那些人，就其个人本身来说也是凡人一个。每个伟人都有凡人的因素，常人的七情六欲、喜怒哀乐，伟人都有；常人犯的错误，伟人也会犯。成为伟人的分水岭，是他为什么而工作，为什么而努力。

职业锚由三部分组成，找到职业锚也就是要思考并回答以下三个问题：

自省的动机和需要——我到底想干什么？

自省的才干和能力——我到底能干什么？

自省的态度和价值观——我到底为什么干？

如果问一个刚毕业的学生："你到底想干什么？"他可能说："我想干的事多了。"问他："你到底能干什么？"他会反问："我大学毕业，你说我什么不能干？""那你到底为什么干？""为挣钱呗！那还用问。我都毕业了，不能每月还找父母要钱呀。"他上嘴唇碰下嘴唇，很轻松地说出来。但是有过多年职业生涯经历的人，都知道这绝对不是可以轻松回答的三个问题，而是要经过许多艰苦的探索，甚至是磨砺，经历很多的事情之后才能够深刻而准确地回答出来的。这三个问题不是只用嘴回答的，要用脑，用心，甚至用生命回答的。你什么时候能够深刻且有逻辑地回答这三个问题，就说明你已经找到了职业锚。

【案例】

在我从法国留学归来开始创业的时候，与后来成为我博士生导师的陈炳富教授有过这样一段对话。

陈教授问我："社明，等你以后有钱了干什么？"

"陈先生，我现在还没钱呢，我们家的房子还只是一个单间，只有一台小电视。"

"你想想你以后有钱了干什么？"

"我现在没钱，想这些干什么？"

"这件事情你必须想！我相信凭你的能力，你一定能挣到钱，你现在就要想清楚：有钱以后干什么？"

"有钱以后？我要尝尝有钱人的生活方式。"我在心里这样说。

后来积蓄多了，我的住房变成跃层式的楼房；因为想体验国外有钱人家每个房间里都有一台彩电是什么感觉，得到一笔奖金后便这样做了。结果洗淋浴时卫生间的彩电“噼里啪啦”冒火花，赶紧又把彩电搬出来了。

这时我才发现：每个房间里都有台彩电这件事，想象中挺新奇，可是当每个房间里都装上彩电后，又觉得太麻烦、太闹心，反而没有幸福的感觉了。这时才明白导师的提醒——“有钱以后你干什么？”

事实上，有很多人有钱以后反而失去了生活的目标，导致精神空虚。2011年我在大连为一些民营企业家培训后，有几位民营企业老总哭着对我说：“程博士，你知道吗？我们是一群特别有钱的穷人啊！”

3. 找到职业锚的人生更幸福

第一，个人价值的全面实现。

对于“人生价值观的全面实现”的含义，2004年我在兰州石化做职业生涯培训，时任总经理的喻宝才先生是这么说的：“个人价值的全面实现就是既要创造自己的物质利益和精神利益，同时也能更好地承担社会责任；在这个过程中既要为自己，又要为企业内部人员，还要为企业发展进程——最终把自己融入整个社会中去。我们不断地引领企业的员工把自己融入整个国家和社会发展中去，也就是要逐渐提高企业员工的思想境界。如果还仅仅是为了自己家庭生活能够好一点，经济上能宽裕一点才来工作，员工就不会有真正的敬业精神。如果员工没有这样高的一种境界，你想让他自己的潜能充分地发挥出来，这是不可能的。”

第二，找到人生使命。

找职业锚的过程就是找自己的人生使命的过程。一个人来到社会上是有使命的，是一定要做成一件事情的。我们可以扪心自问：来到这个世界上，自己的人生使命是什么？自己要做成哪件事情？”

【案例】

1999年是我人生中非常痛苦的一段时期。这一年我的母亲被确诊为淋巴癌。她原是天津市一位著名的中西医结合专家，她以精湛的医术治愈过成千上万人，使无数患者恢复健康，从死神手里挽救回许多生命——她自己却不幸患上了难以治愈的淋巴癌，从确诊到逝世仅仅4个月零15天。这对我和我的父亲、弟弟都是极大的打击。这时候我刚刚事业有成，给父母买了一套新房子，然而他们搬进去才几个月，还没来得及享受安逸的晚年生活，母亲就离我们而去了。

母亲生前最后一次头脑清醒地跟我交谈时，带着无比遗憾的心情说：“我还有很多事情要做。我想把一生的临床资料收集整理出来，编辑成书发表；我想把一生的信件、相片整理出来，留给你们做纪念——很可惜，现在已没有时间了。”就这样，母亲带着对亲人的眷恋，带着对未竟事业的追求，也带着许多的遗憾离开了我们。

连续几个月我都不能正常睡眠，我深深地自责：为什么我学业成功、职业成功，却没有多陪伴母亲？为什么在母亲去世后，灵堂摆满了花圈；而在母亲生前，没有送过一次花篮？如果我到告别人世时，是否也会对儿子说我还有许多事情要做可惜没有时间了？现在我是一个合资企业的董事兼总经理，取得了博士学位，收入丰厚。在许多人看来，这已经是非常了不起的成就了。可这是不是我人生最大的价值？现在做的工作是不是我一生最大的追求？在母亲去世的悲痛、自责和一时无法彻底想明白人生价值的内心纠结中，我向公司递交了辞呈。

离职之前，法国总部为我举行了隆重的送别仪式，他们对我以前的工作给予了高度评价。集团各公司多位总裁来到天津与我话别。我站在台上，感慨万千——一个当年在法国连饭都吃不饱的实习生，今天站在这些法国高级总裁之中，受到高度评价和尊敬。同事们都为我感到骄傲和自豪。

其实从1997年起我就开始思考职业锚的问题。我母亲的去世又促使我的思考更进一步。

2000年，我到德国、法国、美国参观学习，开阔眼界，并进一步的思考今后的职业生涯道路怎么走。在一次前往拉斯维加斯的大巴车上，经过了几天几夜的思考，我突然想明白我的人生使命——就是把“职业生涯开发与管理”这门科学理论和操作方法研究出来，推广出去，帮助千千万万中国人快乐成长，拉动中国GDP的增长，为祖国的繁荣富强做出我的贡献。这就是我今生要完成的使命。这个问题想明白以后，我觉得浑身充满了力量，有了无限的激情。我深深地感悟到——找到职业锚之前，只不过是自己人生之舟的水手；找到职业锚之后，才真正是自己人生之舟

的船长。确定职业锚之日，就是职业转变为事业之时，从此职业生涯转变为事业生涯。

第三，拥有完美的幸福。

在情感生涯中，彼此相爱是幸福的；在职业生涯中，找到职业锚是幸福的。完美的幸福应该包括这两方面内容。爱，有父母之爱、夫妻之爱、子女之爱、兄弟姐妹之爱、朋友之间的友爱。有的人一生当中获得了情感生涯的爱，他有了情感方面的幸福；有的人找到了职业锚，他有了职业生涯方面的幸福。

如果你这两个幸福都有了，那你就拥有了一个完美的人生。希望大家都能够理解职业锚这个概念、接受这个概念，并且在职业生涯中努力地去探索，找到属于自己的职业锚。

>> 第二节 职业生涯开发与管理的基本工作

“职业生涯开发”指内职业生涯；“职业生涯管理”指外职业生涯。太极图说的是阴和阳的关系。阴阳的观点是中国古代人最智慧的观点。任何事物都由阴、阳两方面组成，阴、阳二者互相依存，互相制约，互相转化，缺一不可。阴、阳两部分互动产生灵气，才能和谐。内、外职业生涯就是一对阴阳互动的关系、调节好了才能和谐。

职业生涯开发是针对内职业生涯做三件事，称为“测、定、学”；职业生涯管理针对外职业生涯做三件事，称为“干、评、发”。“测、定、学、干、评、发”都是针对人的潜能。人的潜能有两种：一种是指你本来就具备的能力，只是你还没有意识到、没有显现出这个能力；一个是指你可能具备的能力，通过学习锻炼可能具备的能力。比如有的人写毛笔字，没学过确实就写不出来。并不是具备这个能力不能表现，而是只有通过一定练习才会具备这个能力，这也是一种潜能。为什么你具有潜能却还没有展现出来呢？因为你还没有遇到特殊的事情。

职业生涯发展指导工作分为五点：

一是职业发展道路的介绍。就是为你的下级指一条职业发展的道路。

二是协助选择职业路径。需要指一条道。“管理”就是“管事”和“理人”，“管事”要定目标、抓绩效、为了目标的实现，还要制定工作制度和工作流程；“理人”是帮助他找到最适合的职业发展道路。

三是在职业道路上成长。这个成长需要别人的帮助，更需要自己的努力。

四是到达阶段性的目的地。三年、五年内我做了哪些事，到达了什么目标位置。

五是成功转换职业道路。有的人干的是技术工作，工作一个阶段以后，想做业务了。怎么实现这种职业上的转换呢？如果一个人在路上开车，半路上想换一下，他得先减速、再变道，再一点点地转弯。

一、职业生涯开发：内职业生涯成长

1. 测——测评潜能

“测”是通过一定的测试发现你的潜能。例如职业性格测评：DISC、MBTI等。测评的目的是为了激发潜能，通过测评去发现潜能。

职业生涯开发中，“测”指人才盘点、潜能测评。在战场上，我们要盘点弹药、粮草和人员。企业盘点应该盘点什么？物资盘点、财务盘点和人才盘点。人才盘点还要盘点什么呢?

一般来说，人在同一个工作岗位上需要经历四个不同的发展阶段:第一个是学习阶段，这个阶段的工作特征是“情况不熟，能力不足”，工作处于被动状态；第二个阶段是进步阶段，这个阶段的工作特征是“知错改错，积极进取”，这一阶段是属于适应期；第三个阶段是掌握阶段，这个阶段的工作特征是“了解情况，处理得当”，这个阶段中人的工作状态是主动的；第四个阶段是熟练阶段，这一阶段的工作特征是“运用自如，有所突破”，这是一个创新性的工作阶段。

回答上面的问题，人才盘点重要的就是要弄清楚其在目前的岗位、职位工作中属于哪个阶段。

职场成功方向测评。每个人成功方向是不一样，有的人是进取型，追求职务最高，重视权利的掌控；有的人是安全型，不在乎职位的高低，在乎有一个好领导，追求认可、追求稳定；有的人是攀登型，追求挑战、冒险，职务和稳定都不是最重要的，他愿意干创新的事情，不愿意干重复性的工作；有的人是自由型，自由型的人追求不被控制，最讨厌的是公司打卡机；还有的人是平衡型，他追求工作、家庭、自我权衡。这五种类型没有好与坏之分，一个单位里只有这五种类型人都有，才能稳定。

一个老板派出一个新业务员去开发新市场，干了两年也没有开发出来。通过测评了解原来他的冒险精神不强，而原来干得好是因为有人脉关系，但是不代表冒险能力强，他不能开发好陌生市场。老板在发挥员工长处时，要考虑到一个员工的职业性格。

在职场中，你要清楚自己是为谁而努力工作。你为谁努力工作？你的动力是什么？

有的人是为自己、有的人是为家庭、有的人是为民族、为社会。你劝告一个员工要努力工作，你要知道他心里最在乎的是什么。

一个员工就想为儿子努力工作。你和他谈就谈他的儿子；有的人努力工作是为了父母，你可以和他说："想想你的母亲，你的母亲今年已经七十多岁了，你还有多少时间可以去孝敬你的母亲？为了你的母亲，你可不可以改掉你的缺点？"还有的人到了一定的高度，责任心已经上升到为企业而努力工作，多和他谈企业发展前景；有的人是为民族、为国家而工作，虽然他的职务不高，但是他关注国家和社会的发展，你就多和他谈谈这些。

有的老板特别不愿意见到员工写简历，为什么？因为老板怕你辞职。我们应该鼓励员工写职业生涯简历，通过写简历可以回顾自己过去的内外职业生涯发展过程，发现、总结成功的经验，反思、吸取失败的教训。

外职业生涯成功是挣更多的钱、担任更重要的职务；内职业生涯的成长是职业素质的提升和职业化水平的提高。让员工写简历不是为了他跳槽，是为了让员工跳高。

如果工作收入不能满足自己的需求，有的人就想跳槽。“跳槽”原意是指牲口到其他的食槽上获取食物。“跳槽”这个词在古代也是专门用来形容青楼女子从一个青楼跳到另一个青楼。在职场上，不要“跳槽”要“跳高”。“跳高”是把自己当人看，去拼搏、去进取！因此，我们在职场上要“跳高”，不要“跳槽”！

职场上“跳高”是为了重新定位职业、更好地创造财富。要想取得职业生涯的成功、满足需求，就要得到报酬。想得到报酬就要交换，用什么和企业进行交换？用什么和客户交换？首先必须创造财富。员工在企业里，不要把注意力放在老板的钱兜里。员工正确的做法是心怀感恩的心，在老板创造的平台上，为客户创造价值，为老板创造价值、为企业创造财富。因此想成为优秀的职业人，必须要明白职业的本质是要创造财富。

有的人在从事一种职业时，没有遵从职业道德，这是害而不利。当今中国社会最缺乏的其中之一就是职业道德。人生最大的需求是达到天人合一的境界，达到天人合一的境界就要遵守客观规律，职场上最大的规律就是利而不害。

每一项人才盘点的内容都要激发人的潜能，让参与人才盘点的每个人都认真地写一份职业生涯简历，去总结自己前几年内外职业生涯发展的对比关系。

请专业的职业生涯培训机构做一个客观的职业生涯点评报告。

为老板提供一个信息，目的是确认是否可以成为管理人员的推荐对象。在单位里，我们想提拔一个人，难免会受到一些主观亲情和朋友情谊的影响。如果使用专业测评方法来进行盘点，就会做一个客观评价，减少判断失误和员工的隔阂。

2. 定——激发潜能

“定”指的是定方向、定目标。通过定方向和目标去激发潜能。

我留法期间，最穷的时期，在朋友家借房子暂住，里面什么家具都没有。后来听有经验的留学生说，法国人每周六都在专门的地点扔家具。我盯着这件事，定了目标，结果不到两个月的时间，就将屋子里的家具都捡齐了。那个地方的家具如果没有人捡，就有人当做垃圾收走了。

订立一个目标之后，相关信息会自动地往你的眼睛里“跑”；还没定这个目标时，信息还存在，只是对于它们视而不见而已。

“定”指制定职业生涯规划、激发职业潜能。职业规划不等同于职业生涯规划。职业规划是规划公司一共铺建几条通道；职业生涯规划是员工选择一条职业道路之后，他打算在这条道路上走几年时间，这几年怎么走法?

社会上很多人都把这两件事混淆了。有的人觉得只有刚毕业的学生才应该做职业生涯规划，已经是老板、董事长还需要做职业生涯规划吗？所以有很多大学里组织大学生参加职业生涯规划大赛，企业里让青年员工做职业生涯规划，而董事长、总经理却不做职业生涯规划。

我们最反对让刚毕业的学生做职业生涯规划。学生在学校里应该制定学习生涯规划，刚毕业的学生应该考虑如何尽快去适应本职工作，而不是告诉他如何做长期的职业生涯规划。真正的职业生涯规划工作应该首先让企业的“一把手”做。因为“一把手”的职业生涯规划直接影响企业的战略发展、影响员工的职业生涯发展。职业生涯规划的工作方向是自上而下，新进员工更应该去学习、适应本职工作。

有的人说：“做职业生涯规划会导致人才流失。”如果员工都不知道企业的战略方向、具体目标，他学会了职业生涯规划，而他所做的规划与企业又没有联系，那他就是给自己做职业生涯规划，这样一定会导致人才流失。所以，老板应该先制订企业的战略规划。

老板要和员工说我们今后五年、十年要干什么，公司朝着哪个方向发展，然后让员工做一个与企业战略规划相吻合的职业生涯规划。

企业的职业生涯规划创造要帮助员工做几件事：定方向、定目标、定标准、定时间、定方法。为什么有方向还得有目标呢？只有方向没有目标，就如同踢球，只知进攻不看球门；只看目标不看方向，可能会将球射进自己家门。

有方向，还得有目标。什么是好目标？好目标要符合九条标准，至少不违背这九条标准才能算是好目标。

第一，正面语言。不能说“我不想干什么了”，必须说“我要做什么。”

第二，具体明确。不能说“我想有个职业上的大发展”，要说“我要成为总经理。”

第三，可能实现。也就是说你制定的这个目标不能违背客观规律。

第四，可以衡量。用具体数字来表明，比如说“我想年薪达到50万”。

第五，有挑战性。这个目标不是通过时间的推移而自动实现的。20岁生日时说：“没有意外情况发生的话，我明年将会过21岁的生日”，这个目标没有挑战性，是随着时间的推移就可以实现的，所以这就不能算作是目标。

【案例】

在四川有一个女孩叫王林，这个女孩的母亲难产去世，她由外婆抚养大。2008年汶川地震时，他们班上大部分的学生都遇难了，她被解放军抢救出来，但是第五、六截的颈椎破碎性损伤，造成高位截瘫，全身都不能动，只有脑袋可以动。我第一次见到她时，她正在用唯一的办法自杀，就是绝食。她不想活了，因为觉得活得没有价值。后来我给王林做完心理辅导之后，王林放弃自杀。王林的主治医生说她最多可能就活两三个月，但是怎么能让王林的心情好一点呢？医生说她需要得到亲情的关爱。

2009年10月14日的时候，我和同事再次去看她，我对她说：“我做你的亲人好不好？”她说：“好。”“做什么亲人呢？”“爸爸！”她要我做她的爸爸，我感动于王林对我的信赖，答应到：“好！我答应做你的爸爸，但是你要答应我好好活下去！

我比你大30岁，你要是死在我的前头我会很痛苦的。”从2009年开始，我和同事们都轮流到四川去、到成都去，去陪伴王林，给她做心理辅导，照顾王林。王林的家人、医生、护士、护工和许多爱心人士，都进了最大努力医治和关爱这个不幸的女孩儿，王林自己也表现出顽强的毅力和病魔做斗争。

这个女孩每天都在和死神做抗争，她每过一个生日都是非常不容易的，直到今天她还在继续创造生命的奇迹。

在四川我们团队直接帮助了2400多人，王林是其中一个。有一段时间，王林心情不好，她对我说：“我不喜欢这么多人都给我照相。我感觉我就像是‘到此一游’的景点一样，我不乐意谁来都跟我照相。”她活得有没有价值？有！她活得有没有目标？她也有。

一个四川的企业家破产了，不想活了。我带着这个企业家一起去看王林，他在王林的床前站了十分钟之后对我说：“程老师，一个地震受了重伤的人，在床上躺了三年还能笑得那么灿烂，我现在身体健康，还想死，真太不是玩意了。”这就是一种顽强生命力的能量在传递。

有一个年轻妈妈的儿子，整天就想在床上躺着，干什么都觉得累。我带他去看王林，他在王林的床前站了几分钟，出来以后他跟我说：“我以后再也不说累了，人能站起来真好！”

我对王林说：“你活着是有价值的。”同时对所有去看王林的人说：“如果你们想和王林照相，一定要先问一句，征求她的同意。”这样王林就不会拒绝了，因为她要的就是这份尊重。

一个高位截瘫的女孩都有生存的欲望和生命的价值，她都在创造着奇迹，这说明每一个人的内心深处都是有巨大潜能的。

第六，自力可为。把成功的要素把握在自己手中，而不是交给别人把控。

第七，有时间限制。每一个目标都要有开始的时间，目标实现的时间，即有时间限制。

第八，整体平衡。职业生涯、情感生涯、健康生涯、学习生涯、性格生涯等的整体平衡。

第九，实现时有成功的喜悦感。一个人完成一件事情最终追求的是什么？人真正的成功是什么？人临死能带走什么？人活到最后就是活出一个问心无愧、有成功喜悦感的好心情。人努力奋斗最终追求的结果是一个愉悦的心情，实现更大的人生价值。定目标时一定要想想，这个目标实现时会不会有成功的喜悦感？人不是怕累的动物，人是怕活得没有价值、没有意义。

职业生涯发展要做到两件事：内职业生涯成长和外职业生涯成功。外职业生涯相当于一棵大树的树冠。你希望这棵树枝繁叶茂？还希望它鲜花盛开、硕果累累？要想一棵树鲜花盛开、硕果累累，就需要有一个条件：根深蒂固。你的职业生涯要是没有“根”，那你只能是昙花一现。外职业生涯就是“树冠”，内职业生涯就是“树根”。外职业生涯简单地说就是名片和收入。外职业生涯的特征通常是由别人决定、给予和认可，也容易被别人否定、收回和剥夺。

员工的工资和职务由谁决定？由老板决定；老板的收入由谁决

定？对外，由客户、合作伙伴、竞争对手决定；对内，由同事决定。如果公司干不下去黄了，那董事长的名片再发出去就不是耀眼的光荣了，那就是丢人的证据了。所以，外职业生涯由别人决定和认可。

内职业生涯是人生梦想和职业素质。梦想是你白天睁着眼睛、头脑清醒的时候想的一些与现实不太相符的事。内职业生涯主要靠自己的不断探索才能获得，不随外职业生涯的获得而自动具备，也不因外职业生涯的失去而自动丧失。

如果你自己成立一个公司，任命自己担任董事长或者总经理，这只是获得了外职业生涯上的一个称呼而已。但是你能不能胜任这个职务、你的职业素质能不能提升？这不是靠自我任命就能够解决的，要靠自己的不断探索才能够获得。

内外职业生涯的关系：内职业生涯的发展是外职业生涯发展的前提，内职业生涯发展带动外职业生涯发展，外职业生涯发展促进内职业生涯发展。

如果外职业生涯超前会怎么样？外职业生涯比内职业生涯超前恰当时，有动力；超前较多时，有压力；超前太多时，有毁灭力。如果一个业务员干得好，提拨成业务主管就有动力；提拔成业务经理，就可能有压力；提拔成主管营销的副总裁，一个错误的任命让公司蒙受重大的损失，这就有毁灭力了。内职业生涯超前会怎么样？内职业生涯比外职业生涯超前恰当时，很舒心；超前较多时，烦心；超前太多时，要变心。

职业生涯发展的规律是重视内职业生涯成长超过重视外职业生

涯成功，重视选择职业超过重视追求职位，重视素质提升超过重视收入提高，重视经验积累超过重视金钱积累。你若是想多挣钱，你的职业素质必须提升。

你不要问别人挣了多少钱，你要多问你的职业素质是不是提升了？内职业生涯和外职业生涯需要交替发展。每种情绪都有正面价值，每次实践都有积极意义。你的情绪找到正面价值，你的每一种实践无论是升职还是降职，都有内职业生涯和外职业生涯的交替发展。

3. 学——强化潜能

“学”指的是：终生学习、强化潜能。学习的重点是正确的职业观念、职场情绪智力、职场沟通方法。人生的两件重要事情，一个是职业的问题、一个就是情感的问题。处理好这两类问题，需要在人生中不断地学习。

职场上一个重要的职业观念就是从“要”到“给”。

作为孩子、作为学生，主要的心态是“要”。孩子找家长要吃、要喝、要钱、要玩、要乐；学生找老师要知识、要文化、要文凭、要分数。如果你到了职场上还是“要”，你就得问自己一个问题：老板凭什么给你？家庭要养育后代，学校要培育人才，孩子和学生要的天经地义、顺理成章，家长和老师给的理所当然。可是如果你带着“要”的心态，跟老板要、跟客户要，那要问问自己：凭什么要？会要出什么结果来？

【案例】

我在法国有一段时间没找到工作，没有收入，穷得要命，常常吃不饱饭。有一次看到一个华人老板开的公司招聘留学生，于是去应聘。十点多到了面试地点，老板说太忙了。我就站那等，等到了下午一点半，老板终于忙完了。老板对我说："我请你吃午饭，咱们边吃边聊好不好？""好！太好了！"走进了一家中餐馆，老板点了两碗米线。听这个老板是南方人的口音，一下子明白，南方人的习惯是吃饭前先喝汤。米线一端上来，我喝了个精光。那个老板拿筷子夹米线，一根一根的，不紧不慢。我汤都喝完了，老板一边慢慢地吃，一边问我："程先生，你从哪里来？你都学过什么？你都干过什么？"我心里想：别问了，赶紧点菜吧！吃饱了再问。老板问了很多问题，我都没有心思回答。因为已经饿得张开嘴就要流口水了，所以我选择不回答老板的问题。一会儿老板吃完了，要买单。我急忙问："这就买单了？"那个老板说："是啊，程先生，我平常中午就吃一碗米线。"于是我知道再想吃饭已经没戏了，这时我看到老板那里的一碗汤，我很想端起来喝。于是我问老板："您聘我吗？"老板说："明天等我的信儿。"我决定忍住不喝。可是最后老板也没有给我打电话。当时我不明白为什么老板没聘我，现在明白了。因为当初我问老板："您要是聘我，一个月给我多少钱？"我当初的心态就是"要"。老板说："程先生，您问我会给你多少钱，那得看你一个月能给我挣多少钱。你要是给我挣的多，我就给你给的多；你要是给我挣的少，我就给你给的少；你要是给我挣不来钱，我凭什么给你钱！"我当时想：你这个万恶的资本家，正因为我没处挣钱我才来找你的，我要是能挣钱我干嘛来找你？你只要聘我，当然要给我钱，还看我能不能给你挣来钱？

我在法国将近三个月的时间没有找到工作，这让我明白了一个道理：我根本没有资格向老板要！一个人在职场上的价值，不是要出来的，而是给出来的！后来我在法国的一家医药公司工作，提交了开发中国市场的计划，给老板带来希望，并提供这个产品能引到中国来的具体操作方案。回到中国后，我努力地销售，虽然起点非常低，但是销售额每年以百分之一百、百分之二三百的速度增长。每年到法国去汇报工作，老板都很满意。1995年，已经是工作到第五年，老板到中国来检查工作。我对老板说："今年的销售额比去年又翻了一番。"老板说："程先生，您干得非常好，公司要奖励你，给你增加工资。你说你希望工资增加多少？"我当时想让老板一个月增加1000元的工资。但我此时已经深刻明白"要"与"给"的关系了，我对老板说："我们今年开发了2个城市，我明年还要开发3个城市，让销量再翻一番！"老板说："你干得好！你月薪想增加多少钱？"我接着说："我明年要组织医生们做一个有奖征文活动，让他们观察、讨论思密达这个药品的临床疗效，我帮助他们发表。我们给他们出这个专题，让医生们互相交流思密达药品的效果。"老板继续问："您做这件事很有意义，公司要奖励你，你说一个月要增加多少钱？"我继续对老板说："我还要做一件事，我要把思密达这个产品写进中国医药学院的教科书里面，让那些医药院校的学生在学习期间就了解这个药，让那些毕了业的学生一上岗就知道治疗这种病就开思密达这个药。"老板激动地握着我的手说："程先生，这可是一个有战略眼光的事情，你一定要做！你说工资想增加多少钱？"我继续说要做什么，最后老板憋不住了，直接对我说："程先生，从下个月开始我给你一个月的工资增加5000元钱，行不行？"我大吃一惊。老板说："你要是觉得少的话，6000元钱也行。"这时我心里想：幸亏我没"要"，要了我就亏了。

如果你在企业里的工作结果是一个负值、那你对企业就是个累赘，老板就不会要你了。一个企业里的员工不是要跟老板谈让老板给多少钱，而是带着感恩的心在老板创建的平台上，为客户创造价值、为企业增加效益。员工要理直气壮、问心无愧地跟老板说："我不是来挣您的钱的，我是来帮您挣钱的。我挣的每一分钱都是我创造财富的一部分！"这才是优秀的员工。

"小孩子，想要就要，要不到就哭闹；职业人先给后要，要不到就创造。"

一个人的职场价值是：V（价值）=G（贡献）−T（获取）−C（成本）−D（损失）。那个请我吃米线的老板，我能够给他的价值是负的；那个给我增加工资的老板，我给他的价值是正的。大家在职场上的价值一定要保证是正值，要让自己的贡献大于自己的索取。

成为优秀的职业人，还有一个观念转变是从"学"到"习"。"学"是获取知识、积累知识的过程，"习"是应用知识、创新知识的过程。传统的学习观念是从"学习生涯"结束，然后到"职业生涯"开始。树立终生学习的观念，学习生涯是比职业生涯更长的一段人生经历，职业生涯开始，学习生涯并没有结束；职业生涯结束，学习生涯仍然继续。

成为优秀的职业人，要从“自我”到“客户”。不要总想着自我满足，一定要为客户的利益满足做出贡献。在家里头父母宠着你、在学校里老师教育你，在企业和职场上客户不会惯着你、宠着你，你要努力让客户满意。在公司里，至少要做到让客户满意，再争取做到让客户感动、帮助客户成功。

成为优秀的职业人，要从“动机”到“效果”都好。在家庭中追求感觉好，只要动机好就会得到对方的谅解。企业必须得效果好才行，客户不会因为你动机好就买单，必须得效果好。

企业的事，结果好才算好，在结果好的基础上找感觉好；家里的事，感觉好就是好，在感觉好的基础上找结果好。两个人在一起过日子，感觉好就是好。一对住在茅草屋子里面的夫妻，可能比住在金碧辉煌的宫殿里面的王子王妃感觉还要幸福。

成为优秀的职业人，要从“个人”到“团队”。要学会沟通和合作。如果你觉得这个团队不够好，与其抱怨找不到有归属感的单位，不如努力创建有归属感的团队。与其牢骚抱怨，不如问问自己：在这个不尽人意的环境里，我能做些什么？想清楚这个问题，你才会真正为公司做出贡献。

我们人类有很多情绪：喜悦、愤怒、恐惧、悲伤、内疚、失望……。有的情绪你喜欢，有的情绪你不喜欢。有的情绪你想有，有的情绪你不想有。实际上，每种情绪都有正面价值。有的时候笑也不见得是好事，俗话说乐极生悲。有时候悲伤哭泣也不见得是坏事，有时候人心理压力大，是女人常常就会选择痛痛快快地大哭一场，她的心情就会觉得舒畅了一些。悲伤这种情绪是有用的、愤怒这种情绪也是有用的，所有的情绪都有正面价值。如果一个人有各种情绪的感受和表现，都是正常的。

情绪的变化如同季节，自然交替，情绪没有好坏之分，只有效果不同，所以我们要知道每种情绪都有它的正面价值。什么叫做情绪智力？情绪智力是指对于自己，了解自己的情绪、接受自己的情绪、感悟自己的情绪、控制自己的极端情绪。

情绪智力，对于他人而言，要努力做到理解他人的情绪、接受他人的情绪、陪伴他人的情绪、影响他人的情绪。对于孩子哭，你要查清楚是因为什么原因。有的孩子哭完全是对扩大肺活量的锻炼。有个父亲给孩子买一个新的礼物，把他原来的那个玩具送给了别人，孩子就哭个不停。这是因为父亲没有尊重孩子的内心感受。

沟通是冒险，不沟通是更大的冒险。为什么不沟通是更大的冒险呢？沟通会产生误解，不沟通会产生更大的误解。如何沟通？怎么把握这个度？在工作中，凡是上级问你的，都是上级需要知道的；凡是上级需要知道的，都是你应该主动汇报的；凡是你应该主动汇报的，就不要等上级再问第二次。

管理的艺术就是表扬优点、批评缺点。表扬优点时要发现它、欣赏它，批评缺点时要允许它、接受它、及时指正。表扬优点时不能太具体，批评缺点时一定要具体。

表扬一个人优点的时候用前联后推的方法，你要联系到他前面的优点，还要后推到以后也能维持这个优点；批评缺点时用前堵后截的方法，只是说你这件事情没有做好，并且相信你以后一定能够做好。如果我们把这两种方法用反了，批评一个人的时候前连后推，表扬一个人的时候前堵后截，那么就会适得其反。上级的说法会影响下级的做法，说法是由我们的想法决定的。管理人员对员工批评也好、表扬也好，这只是手段，目的是要激励员工。无论用哪种方法，关键是让他保持优点，继续让他发挥潜能，这才是管理者需要做的。

最具杀伤力的说话方式是否定质问式。有的女生不知道为什么男朋友会离她而去，女生问："你为什么不爱我了？"问了六次，男朋友怎么表白解释也不行，就会说："你有什么可爱的？我现在讨厌你还来不及呢！"你要是想破坏两个人的关系，就用否定质问式讲话。

最具亲和力的说话方式是肯定咨询式。女生要是想和男生处理好关系，就应该这么说："你为什么对我这么好呢？"男生回答："因为你好可爱啊！"用肯定咨询式是增加良好人际关系的最好方法。

二、职业生涯管理：外职业生涯成功

1. 干——发挥潜能

"干"是发挥潜能。你的潜能只有在"干"中才能发挥出来，不干事就永远也表现不出来。

"干"指的是职场实践、发挥潜能。找准你应该具备但是现在又欠缺的能力，写出改进方法，这件事叫做职业生涯现状分析。新入职的大学生最适合写职业生涯现状分析。今后我们在职场上要"跳高"，不要"跳槽"。"跳高"怎么跳呢？就是用职业生涯现状分析这个方法进行跳高。

不仅仅是职位升高才是跳高，在同一职位上也可以跳高。职场“跳高”有两种：一种是职位上升了，还有一种就是能力提升了。

如前面所说，在同一个职位上发展有四个阶段：初学阶段、进步阶段、掌握阶段、熟练阶段。初学阶段是情况不熟、能力不足；进步阶段是知错改错、积极进取；掌握阶段是熟悉情况、处理得当；熟练阶段是运用自如、处理得当。

什么是对结果负责？一个员工犯错了，他直接认错，算不算对结果负责？这只能算是对结果负责了一小部分，除此之外还要分析原因、写出检查、赔偿相关的损失、改进工作流程、实施流程、检查效果。这才是对结果负责。

在职场上如何把错误变成财富？认错、与检查、赔偿损失、改进工作流程、应用这个新的流程、拿到更好的效果。没有一个将军是没有在指挥中犯过任何一次错误就成为将军的。一个优秀的职业人一定有过挫折的。凡是能够当上董事长、总经理的人，在他光鲜辉煌的背后，一定是经历过很多坎坷的。他们吸取了教训，总结了经验，最后达成了效果。

2. 评——检查潜能

“评”是检查潜能。潜能到底发挥没发挥出来？发挥了多少？

“评”是全面评价。即对一个人的评价要全过程、全方位评价，而不是只凭一时、一事就下结论。

职业生涯评价有个人评价、家庭评价、企业评价和社会评价。你重视哪种评价呢？我们有一个测评就是填一个表格，根据填写数字的不同，就可以判断一个员工最在意的是什么。

3. 发——实现潜能

“发”是实现潜能。用内职业生涯带动外职业生涯的发展，再用外职业生涯的发展带动内职业生涯的发展，这是一个循环的过程，使潜能进一步发挥出来。

职业生涯发展，就是实现潜能。职业生涯发展有职务变动发展和非职务变动发展。职务变动发展有三种情况：晋升、平级调动、职务下降。职务下降又分为犯错误了受到处分和工作上有了调整的职务下降。有的员工如果上级把你提拔成一个部门的负责人，你觉得你的内职业生涯不够，这时你要主动要求先把职务降下来，好好学习、好好提高，这也是对工作负责的表现。非职务变动发展是工作范围扩大、工作意识改进，工作方法创新。

在第二次世界大战期间德国侵略苏联的时候，苏联红军为了把物资送到前线，就通过火车运送。德国的军队就炸运送苏联物资的火车。很多物资运到一半，就被飞机投弹炸飞了。因为这件事斯大林已经撤职了好几个司令官。后来任命一个年轻的司令官，要求他必须把物资运过去。他观察发现，其实德国军队也没有多少弹药了，他们也不是所有的火车都炸。他们只炸开往前线的火车，从前线回来的空车就不炸了。于是他问飞机驾驶员：“在天空上怎么能判断火车往哪个方向开？”飞行员说：“可以根据火车头冒烟的位置来判断。”于是这个新上任的司令官就改进、创新了工作方法。他改成用火车头推着装满物资的车厢跑，就把物资运上前线去了。所以，当你在工作中觉得没有办法的时候，有时不是真的没有办法，而是你的工作方法没有创新。

中国是一个人口大国，这事值得我们骄傲和自豪吗？人口多说明在一个时期出生率高、说明吃饭的人多。中国要从人口大国发展到劳动力大国，这还不够，我们要变成人力资本大国。中国只有成为人力资本大国才能做到真正的强大。刚毕业的大学生是人力资源，我们要让他们变成人力资本，能够为社会创造财富。

我们国家有第一产业、第二产业、第三产业，将来还会有第四产业、第五产业……只有这样我们才能更好地发展下去。

优秀职业人是社会的基础。从另一个角度说，成为优秀的职业人也是家庭成功和家族辉煌的基础，所以无论是企业、行业还是产业，都需要优秀的职业人，哪怕只是为了自己和自己的家庭，也要成为优秀的职业人。

人类社会追求的是共同富裕。怎么实现共同富裕？在一定时期内，贫富差距是必要的动力。实际上我们采取的很多措施都是在拉大贫富差距。我们必须承认，贫富差距可以形成人类发展的动力。孔子说他奋斗的目标是实现大同的世界，孙中山要建立一个共和的国家。那怎样找到切实可行的方法呢？邓小平说让一部分人先富起来。一部分地区发展快一点，才能带动大部分地区。其实最应该让哪一部分人先富起来呢？应该让职业生涯发展好的、职业素质高的人先富起来。要让贪污受贿的人会越来越难过。

人与人之间最普遍的关系，是由从事不同职业决定的社会分工关系来决定的。我们每一个人的出生，都可能给他人带来生活更美好的希望；每一个人的成长，都有可能成为家庭、组织和社会的栋梁；每一个人的成功，都应该有机会得到社会公众的欣赏；每一个人的一生，都可能留下惠泽他人的物质财富和精神力量；每一个人都有可能成为一个优秀的职业人。虽然我们是在不同的公司、不同的行业、不同的职位，但是我们有共同的目标，那就是我们都要成为优秀的职业人。

第三节 职业生涯发展

一、重视内职业生涯成长超过重视外职业生涯成功

也许，你很努力地工作，却得不到晋升，苦闷！也许，虽然没有晋升，但知识扩充了、经验丰富了、技能增加了，充实！在一段工作中到底是吃亏了，还是沾光了？

如果把人的职业生涯比作一棵树，几乎每个人都希望自己的职业生涯之树常青、枝繁叶茂、硕果累累。

我们在培训中常常做一个活动，那就是让学员在纸上画一棵树，并提示他们要画一棵完整的树，用这棵树代表自己的职业生涯。有人画了一棵参天大树，有人将树画得像一棵小树苗。

我们提醒大家：画一棵完整的树，不是目前的状况，是将来发展的结果，加些东西把它画全。于是有的学员给树加了好多枝叶；有的学员又加了很多果实；有的学员在树上画了一个鸟窝，里面还有小鸟；有的学员还在树上画了房子和汽车——但大多数学员都没有画树根！

其实，通过这个小活动，我们最希望学员领悟到的是：一棵大

树要长得枝繁叶茂、鲜花盛开、硕果累累，必须根深蒂固！

自然界中的一棵树，如果长在土壤肥沃的地方，树根和树冠的比例约为1:1；如果长在土壤比较贫瘠的地区，树根和树冠的比例约为2:1或 3:1；如果一棵树长在岩石地区或是沙漠地带，树根和树冠的比例可能会达到5:1。也就是说，条件越艰苦，环境越恶劣，树越要向大地扎根，从大地深处吸取营养和水分。

请你想象一下：如果一棵树的树根扎得不深不广，树冠上倒是长了很多的枝叶，开了很多花，结了很多果实，这棵树会怎么样呢？它会很容易倒下。只有根深蒂固才能迎风傲雪，挺然而立。

对于每个人的职业生涯来说，外职业生涯是我们职业生涯之树的枝叶与花果，内职业生涯则是我们职业生涯之树的根。

提到内职业生涯和外职业生涯，肯定会有人奇怪，职业生涯还有内外之分？那么什么是外职业生涯，什么又是内职业生涯呢？

外职业生涯是表现出来的职业身份，比如你是总经理，他是业务员，这些都是我们的外职业生涯。外职业生涯是从事一种职业时的工作时间、工作地点、工作单位、工作内容、工作职务与职称、工资待遇、荣誉称号、工作年龄阶段等因素的组合及其变化过程。

而从事一种职业时的知识、观念、经验、能力、心理素质、身体健康、内心感受等因素的组合及其变化过程，则构成内职业生涯。

外职业生涯的信息可以体现在名片、工资单、各种证书上，而一个人的内职业生涯是通过说话和办事才会表现出来的。

总的来说，内职业生涯是我们职业生涯之树的根，内职业生涯的发展程度决定了我们外职业生涯的发展程度。

外职业生涯通常是由别人决定、别人给予、别人认可的。既然是由别人决定和认可，也就容易被别人否定和收回，甚至是剥夺。即使是自己开公司，自己当董事长、总经理，也需要得到工商局、员工、客户等相关人员的认可。

内职业生涯主要靠自己不断探索而获得，它不随外职业生涯的获得而自动具备，也不会由于外职业生涯的失去而自动丧失。

如果你被任命为部门经理，你获得的只是外职业生涯的一个职务，你是不是有能力做好这个经理？你应该具备的知识、观念、经验、能力、心理素质是不是已经具备？这些素质并不是你被任命的那一刻就自动具备的，而是必须在工作实践中去探索、思考才能逐渐地获得；一旦获得后，即使你不再担任经理职务，比如你因被领导误解、冤枉而遭撤职，撤销的也仅仅是你外职业生涯的职务，而你内职业生涯的这些素质依然归你所有，别人剥夺不了，否定不了，同样也收不回去。

【案例】

我以前做推销员的时候，有一个同事很聪明。早晨起来，他跟日本科长一块儿从住的宾馆出来，应该分头去拜访医生。他看见科长走远了，就跑到录像厅里去看录像，看完一场以后出来一看表才十点多，他伸伸懒腰想：时间还早，走，再进去，又看了一场电影。然后在吃午饭的时候，他拿出纸来“编”写工作日记——因为没有去拜访，所以只能“编”写。工作日记的写法也跟日本科长的写法差不多，甚至连笔迹都差不多。内勤同事有的时候都分不清楚，哪个是他写的，哪个是科长写的。可是我却从早上八点到晚上八点玩命去拜访客户，看起来傻乎乎的。这么玩命干，也不多拿钱，也不多拿奖金，科长也没有表扬我。

十年以后我原来的这位同事还是企业中一般的工作人员，月收入两千元。而这时的我已经成为一个合资企业的董事、总经理，收入是他的数十倍。

他见到我时说："哎呀，你都当了总经理了。哎呀，你现在能挣这么多钱了。哎呀，你看看咱们有这么大的区别。"

但是这区别不是十年以后才有的，而是在十年以前，大家都在做推销员的时候就已经有了。

当时大家的外职业生涯没有什么区别，都是药品推销员；但内职业生涯有区别，区别在观念、心理素质、经验能力上，这些区别是会累积的。

内、外职业生涯的特征：外职业生涯通常由别人决定、给予、认可，也容易被别人否定、收回或剥夺。内职业生涯主要靠自己在实践中不断探索才能获得。内职业生涯不随外职业生涯的获得而自动具备，也不因为外职业生涯的失去而自动丧失。

因此，要重视内职业生涯成长超过重视外职业生涯成功。

二、内、外职业生涯的关系

内职业生涯的发展是外职业生涯发展的前提，内职业生涯的发展带动外职业生涯发展。外职业生涯发展，促进内职业生涯发展。

内职业生涯的发展是以外职业生涯的发展或成果来展示的，如果内职业生涯发展得很多，外职业生涯没有任何变化，就不正常——就像一棵果树，根深蒂固以后，应该开满鲜花、结满果实。内职业生涯的匮乏一定会影响外职业生涯，它是以外职业生涯的停滞或失败来呈现的。

内职业生涯跟不上，即使给一个人很重要的职务，他的职位也不能保住。因为，内职业生涯匮乏会造成外职业生涯的停滞或失败。有人说："我把内职业生涯全都准备好了，再出去工作好不好？这就像是盖一幢大楼，我首先把地基打得特别牢，再盖大楼好不好？"事实上，内、外职业生涯的关系，并非像一个大楼地基和上层建筑的关系，盖大楼确实是要把基础先打好，打结实之后在上面盖高层。而内、外职业生涯的关系就像是树根和树冠的关系：一棵大树并非是把所有的根系都长好了，才长树冠、才开花结果，而是同时进行、相互影响的。

那么是内职业生涯超前好，还是外职业生涯超前好？在我们实际的职业生涯经历中，内、外职业生涯是交替超前的，永远也不会总是内职业生涯超前，也不会总是外职业生涯超前。

1. 内职业生涯超前

一种情况是超前恰当时很舒心。因为这时候一个人对应该做的工作已经了解了，已经熟悉了，他具备了做这项工作的知识、观念、经验、能力，工作起来就得心应手。内职业生涯超前恰当的时期，也是人生感觉比较舒心和谐的时期。

一种情况是超前较多时很烦心。"唉！一年多了，天天干这些重复性的工作，真是没有意思。”尤其是对于攀登型和进取型的人来说，他们更不能容忍没有新意、没有挑战性的工作。这时候就会表现得对工作不太尽心、不认真负责，这并不是他没有能力，而是觉得干这个工作大材小用，心理不平衡。

一种情况是超前太多时会变心。如果单位里有个人才，他的知识、观念、能力、经验、远远地超出了他所担任的职务所需要的，内职业生涯超前很多，而这家单位又没有给他一个良好的发展前景，不能让他认识到在这家单位可以发挥其潜能，那他会怎样呢？只好去寻找新的职场空间，让自己的才能得到施展和发挥。

2. 外职业生涯超前

一种情况是超前恰当时有动力。比如某人已经是一名优秀的销售人员，这时让这个人做一个销售主管，带领三五人的小团队，他就会觉得很有动力，因为原来的事情会做了，现在受到上级的重视，开始学做管理人员。

一种情况是超前较多时有压力。还是这个人，他是一名优秀的销售人员，这时让这个人领导一个几十人、甚至是上百人的大团队，这个人从来没有在这么多人面前说过话，从来没有做过上百人的团队的销售计划，从来不知道怎么去分配任务、授权工作，这时他会不会觉得很有压力？

一种情况是超前太多时有毁灭力。仍然是这个人，这时候让他担任一个非常高的职务，作一个公司的总经理或主管营销的副总裁，但是这个人的内职业生涯还不成熟，让这个人决策，他可能会做出错误决策，使公司蒙受重大经济损失；也可能因其管理不善，导致人才大量流失。

如果领导让你担任一个重要职务，但是你感觉到自己的知识、观念、经验、能力还没有完全具备，那么，向领导表示感谢；同时请求领导让你在一个相对没有那么高的职务上，再多些锻炼的机会，尽快提高自己的内职业生涯——这并不是谦虚，而是实事求是。你可以说："我现在暂时还不具备担任这么高职务的能力，但是特别感谢领导对我的信任，我会努力尽快提高自己的能力。"

3. 最适合的状况

最适合的状况是我们有的时候让自己外职业生涯超前一点，有的时候让自己的内职业生涯超前一点。如果总是外职业生涯超前，你工作起来比较紧张，比较辛苦，比较累。如果有的时候内职业生涯超前一点儿，那么你在精神上会得到一个缓冲、一次休息。

对于企业而言，要了解、观察每一位员工，争取让每位员工都处于或者是内职业生涯超前一点儿或者外职业生涯超前一点儿的状态，否则就会造成人员的不稳定。一定要注意外职业生涯太超前的人，这些人会给企业带来管理上、经济上的损失，或造成其他员工人才流失。同时也要注意，内职业生涯太超前的人，如果企业没有提供更好的机会，为了发展，他会自己寻求更广阔的发展空间，对企业而言可能会造成人力资本的损失。

三、职业生涯管理的核心是内职业生涯发展

当我们在职场上跳动(职场跳槽或职场跳高)时，都希望获得新的成就。但决定职业生涯成果的关键因素到底是什么呢?

【案例】

几年前我和弟弟给父亲买了一处别墅，并把原来住处的银杏树移植到新院子里，同时从朋友那里要来了几株果树。迁移果树时我尽量保留树枝，期待着尽快地开花结果。当运输工人把30年树龄的银杏树送来的时候，我一时认不出来，它们被锯成了“电线杆”！我当时非常生气，以为他们是为了运输方便。两个月后，果树鲜花盛开，银杏树却嫩芽稀疏。又过了两个月，两种树又发生了不同的变化:果树虽然长出了幼小的果实，却叶黄枝枯，意外夭折了；而那几棵银杏树却绿叶勃发，生机盎然。

我明白了: 移动树木时，要减掉树枝，让树干中的营养保障树根扎进新的环境，如果留下太多树枝，虽然能很快长叶开花，但树根扎不深，扎不牢，不久就会叶黄枝枯。而减掉树枝的树，虽然暂时长叶开花慢些，但可以保证树的存活。一棵树的枝枝叶叶受了损伤，还可以再生，树根保护好才是最重要的。

职业生涯之树的树冠是什么呢？就是外职业生涯。

外职业生涯是指从事职业时的工作单位、工作时间、工作地点、工作内容、工作职务与职称、工作环境、工资待遇等因素的组合及其变化过程。像显而易见的树冠，外职业生涯的因素可以通过名片和工资单表现出来。我们都希望自己的外职业生涯枝繁叶茂，鲜花盛开，硕果累累。可这要靠职业生涯之树的根来保证。

职业生涯之树的树根是什么呢？就是内职业生涯。

内职业生涯是指从事一项职业时所需具备的知识、观念、经验、能力、心理素质、身体健康、内心感受等因素的组合及其变化过程。内职业生涯如同树根埋于地下，并不是随时都可以显露出来。只有当我们发表见解、做决定、做工作时才能表现出来。外职业生涯的构成因素通常是由别人认可和给予，也容易被别人否认和收回。在职业生涯初期，外职业生涯因素往往与自己的付出不符。你现在的收入不一定体现了过去几年努力的结果；但你现在的努力程度决定着今后几年的收入。

有的人一生疲于追求外职业生涯的成功，但内心极为痛苦。得不到外职业生涯的成果时，他们会抱怨上级、抱怨同事、抱怨父母、抱怨老师。因为他们不了解，外职业生涯发展是以内职业生涯发展为前提条件的。内职业生涯各项因素的取得，需要别人的帮助，但主要还是靠自己的努力追求。与外职业生涯的构成因素不同，内职业生涯的各构成因素内容一旦取得，别人便不能收回或剥夺，永远归自己所有和所用。内职业生涯因素匮乏的人，总是担心自己找不到好工作，找到工作后担心自己不能胜任，完成任务后又担心自己不能晋升，担心未来没有保证。企业遇到危机时担心下岗名单中会有自己的名字，担心企业被别人吞并。在企业发展顺利时，对外职业生涯的条件稍不满意就会跳槽。

内职业生涯丰富的人，把关注点放在观念、知识更新上，放在经验、能力提升上，他们努力抓住每一次发展机会，并积极主动地为自己创造机会、为别人创造机会。他们不会为了寻找更好的主人和待遇而跳槽，他们在做好本职工作的基础上为了发展而跳高。

职业生涯的内在生命力在于我们是否认识到内职业生涯的关键

性，是否使自己成为一个真正心理成熟的人，对自己的职业生涯发展负起完全的责任。内职业生涯的不断发展更利于找到我们职业生涯的最佳贡献区，找到我们人生之舟的抛锚地，扎下“职业锚”。

在一个藏满宝藏的山洞面前，阿里巴巴让洞门打开的四字口诀是“芝麻开门”；在职业生涯道路上，成功的秘诀就是重点关注自己的内职业生涯成长。

第一，找对职业生涯发展的关注点。

在了解了内、外职业生涯之后，想一想，我们应该把关注点放在哪里？一定要放在关注职业生涯发展中的内职业生涯成长上。

有很多大学毕业生在找工作的时候，问招聘单位的负责人：“给我多少钱？什么时候涨工资？有奖金吗？有集体宿舍吗？宿舍里有电话吗？有彩电吗？有宽带上网吗？”问这些问题说明最关心的都是外职业生涯的内容。

如果他问这样的问题，“你们单位需要什么样的人才？需要具备什么样的观念和能力？我能争取到什么样的锻炼机会？我如何做才可以尽快达到公司对我的要求？”把焦点放在内职业生涯即树根的成长上，会让自己的“树根”逐渐长得更深、更长、更壮、更广，可以吸收更多的营养和水分，这样职业生涯之树一定会长出更多的枝芽和花蕾，从而结出丰硕的果实。

如果一个人天天只幻想自己那棵树能开花结果，却不培育树根，这个人只能人为地在树上挂上一些花和果。挂得少，这棵树还能立着；挂多了，树就倒了；即使不挂花果，一遇狂风暴雨，没有扎牢根的树也会倒下。

如果你理解了内职业生涯和外职业生涯的正确观念，你会认同下面的观点：

“永远不会没有工作， 寻找工作也是工作，而且自己学习当老板。”

“永远不会没有收入，总结经验也是收入，而且是自己决定收入多少。”

一个人永远不会没有工作。寻找工作也是一种工作，对于很多人来说，寻找工作就是他的第一份工作，寻找工作的过程就是自己学习当老板，因为要策划、安排、沟通、协商、反思、总结。永远不会没有收入，因为经验、教训都是职场的收入，而且自己决定给自己发多少。一个人在找工作的过程中，有了经验，有了体会，吸取了教训，可以提高心理素质，可以逐渐修正自己在市场经济社会中的观念，这也是他的一种收入，是他的内职业生涯收入。

处于职业生涯初期的人尤其要关注自己的内职业生涯。一般来说，在职业生涯初期，你的付出，你的辛苦，你的汗水，你的劳累程度可能要远远地超出你的所得。就像树根要吸收营养、水分，而树上还没有开花结果——这时候，你需要接受：在职业生涯初期你要吃得起苦、受得起累，还要吃得起亏——吃得起亏就是可能你的付出并不一定能得到回报，至少不能马上得到回报，不会马上得到别人的认可。

为了使自己的职业生涯之树常青，请你一定要把职业生涯之根扎深、扎广、扎牢。因为只有根深蒂固，才能枝繁叶茂；只有根深蒂固，才能鲜花盛开；只有根深蒂固，才能硕果累累！

第二，为自己打工。

【案例】

我曾经是一家日本企业的推销员，工作是推销药品。当时公司规定，一天拜访八个医生就算完成了工作量，要做记录——拜访了哪些医生，谈了些什么，下次去谈什么；大家平均都是拜访八个医生，而我一天拜访十八个医生，甚至有的时候是二十八个医生。有的同事不理解，说："我们拜访八个医生就完成任务了，拜访十个医生科长都会表扬我们，你拜访十八个、二十八个，图什么啊？不会因为你多拜访了医生给你加发工资加发奖金啊。"

我图什么？图的就是利用这个机会锻炼自己的能力。

在职业生涯初期，如果你想的是"我是打工的，我是给老板打工的，他给我多少钱我就干多少活，他没给我这么多钱，我凭什么给他干？"那你可能一辈子就是处于这么一种初级的打工者的状态。

要知道，你不光是为老板打工，你还是在为自己的梦想打工啊！什么叫给自己打工？有些人说我将来自己开公司，我给自己打工，给老板打工得看老板脸色。可是你以为自己开公司就不用看别人的脸色吗？你给别人打工，你得看头儿的脸色，是看一个人的脸色。你自己开公司，需要看的脸色是多了还是少了？更多了！要看工商局的、要看税务局的、你要看客户的、要看竞争对手的，甚至你必须要看员工的脸色。

难道有人不需要看别人脸色吗？什么时候叫作开始给自己

打工？

跟大家分享下我的体会：在职业生涯发展的进程中，什么时候你的工作热情和努力程度不为公司待遇不高、别人评价不公而减少，从那时起你就开始给自己打工了。

四、职业生涯发展的规律

凡事都有规律可循，职业生涯发展几十年的道路上，同样有规律可循，职业生涯发展有两个规律。

职业生涯发展规律第一条：重视内职业生涯成长，超过重视外职业生涯成功。

很多大学生、职场中的人们，都希望通过自己的工作获得外职业生涯上的成功，期望通过工作获得良好的社会地位、荣誉，获得职务和丰厚的报酬等等。在获得这些人人都想要的职业发展成果的同时，我们需要反思，要不断地问自己一个问题：我凭什么获得？

最终的答案只有一个，那就是凭我们不断积累和提升的内职业生涯。

如同树的生长是先长根后长果，地下部分地上部分相互促进，共同成长。人只有先积累深厚的素质，诸如观念、知识、技能、心理等内职业生涯的因素，才能支持和推动自己在几十年的职业生涯道路上披荆斩棘，持续发展。

现在有很多作假事件，如有的人买假文凭，结果换回的是什么呢？他没有学习，也不会学习，没有内在的真才实学，所以依然难以在职场上持续成长与成功。如果你的学校不是市重点、省重点、中国名牌的学校，没关系，这些不是最重要的，最重要的是提升你的内职业生涯，提升你的观念、知识、技能、心理素质等。不论你在什么样的企业，不论企业的规模有多大，你都有机会提升你的内职业生涯。我们前面画了一棵树，就是要大家明白：重视长根超过重视开花结果，而一个人真的重视长根了，就不愁开花结果。

职业生涯发展规律第二条：内、外职业生涯交替发展。

在职场中，我们期望的最佳状态是内外职业生涯交替发展。当我们提升了内职业生涯，希望我们外职业生涯的职务提升、工资增加。而在实际发展过程中，往往内、外职业生涯是动态的平衡过程，很难达到绝对的同步。如果外职业生涯超前，相应提升内职业生涯；如果内职业生涯超前，要去争取提升外职业生涯。如果在企业中，我们做了管理人员，我们就要主动加强学习，在管理实践中反思、提高，然后培养员工。如果这些都做到了，紧接着要扩大企业规模、扩大员工队伍、扩大营业范围、扩大产品种类，进一步发展外职业生涯。

职业生涯发展两个规律中，对于个体的职业人来讲，首先要掌握的是第一个规律——在几十年职业生涯发展道路上，要始终把对内职业生涯成长的关注度放在对外职业生涯成功的关注度之上——这样才可能使自己立于不败之地，最终获得良好的职业生涯发展成就！

在职业生涯发展的进程中，什么时候你的工作热情和努力程度，不为收入不高、评价不公而减少，你就开始为自己打工了！

因为你的关注点已经从外职业生涯转移到了内职业生涯上。你不光是为老板打工，你还在为国家、为企业、为自己的梦想而努力奋斗。

五、不要“跳槽”要“跳高”

职场的“跳”有两种：跳槽与跳高。

跳槽：追求更好的待遇。原先企业在员工身上的投入包括工资与培养成本，员工如果只看见物质的工资，看不到培养成本的投入，就会离开原先企业。

跳高：员工做好本职工作，做出相应贡献。员工为谋求更好的发展空间，在本企业内寻求发展空间。只有在本企业没有新的空间时才离开企业。这样的离开并不会给原先企业带来危害。对于企业而言，面对要跳高的人，企业在内部搭建更好的平台，让他学不够。企业虚位以待，有牵引的力量，激发员工的潜能，有内心的动力。

一棵树在秋天之后，无叶无花无果，它应该怎么样？大自然的规律，让树将根留住。

大树成材的六个条件：长期在一个地方；向下扎根，吸收水分、吸收营养；努力向上生长，获得更大空间，接受更多的阳光和氧气；努力向下扎根，获得更多的水分、营养；经历风吹雨打，经历雪辱霜欺；享受鲜花盛开硕果累累的荣耀，也要经受枝叶凋零、花果尽失的寂寞；经历时间的考验，承载年轮的生长。

这些条件也同样适用于人的职业生涯成长。

干好了才换工作与不喜欢就换工作有本质区别：能力增强之后才换是核心。

现代社会人才的流动越来越普遍，市场经济条件下，每个人一生平均要换4-8个工作。我们俗称的“跳槽”在职业生涯领域的专业术语叫做“转行”，它有两个基本含义:一是转换职业，另一个是转换行业。职业是个体的集合，如记者；行业则是企业的集合，如传媒行业。很多人说的“跳槽”，有的时候指的是转行业，有的则是转职业，有的是两者同时变。基于此，我们每个人在跳槽之前，都要考虑清楚自己到底转的是什么？如果转的是行业，那就有必要了解新行业的发展情况和发展前景；如果要转的是职业，那么就要使自己具备从事新职业的观念、知识、技能和心理。

在字典中，“跳槽”的第一含义是指“牲口到其他的食槽争抢食物”，如果把自己换工作叫做“跳槽”，也就是说要为自己找到更好的主人，这种说法无异于将自己当牲口看。如果把转行理解成为“跳高”，那才是把自己当人看，才具有作为一个人的积极性和主动性。从另外一个角度理解，跳槽是一种简单的、低水平行为的重复，而跳高则意味着本质飞跃和提高。因此，我们每个人在转行之前，都要清楚自己的转行带来的是低水平的重复还是寻求创新性的发展。

如果换工作时，个人还处于前文提到的职业发展的第一或者第二个发展阶段，即初学阶段或进步阶段，那么我们可以认为这种“跳槽”属于一种低水平的重复。相反，如果我们到了掌握阶段或者熟练阶段，那么这个时候的转行则更有可能获得了本质性的发展，实现“跳高”。

有人说，“我不喜欢这个工作，所以我要跳槽”；或者“我不喜欢那些同事，所以我不想干了”。我们认为，这不是转行的理由，转行的真正理由是，你是否已经把本职工作掌握了？干好了？如果不喜欢某个工作，但是你还是能够把它做好，这才证明了你的能力；如果不喜欢某位同事，但你还是能够跟他合作，这才是正确的职业态度。因为单位不是自己的家，我们不能只跟自己感觉好的人在一起做事情。如果我们能够把不喜欢做的工作做好，和自己不喜欢的人在一起合作，那么等到有一天我们遇到了自己喜欢的工作和喜欢的同事，那个时候工作起来不是更开心，效率更高，也更有成就感吗？

应该说，不同年龄阶段的人，在职场跳高的时候考虑的因素有所不同。在30岁以前的职业生涯发展早期阶段，换工作的时候，我们建议更多地考虑那些对自己有更大锻炼机会的平台，而不要过多地考虑金钱收入因素。在30-40岁这段职业生涯发展中期，因为已经有了前期的能力积累，我们在换工作的时候可以考虑寻找收入更高的用人单位。而且，这个年龄阶段的人，一般人都是上有老下有小，在换工作的时候考虑金钱收入的因素是很现实的。40岁，尤其50岁以后是职业生涯发展晚期，这个阶段的人已经解决了温饱问题，该长的能力长了，该挣的钱也挣了，可以真正地做到不在乎钱了，开始更多地考虑自己真正喜欢做和真正想做的事情，并且实现自己的人生价值。

为什么有的人每次职场跳高都能成功？主要是因为他们跳槽之

后能够迅速地补充自己在新的职业和行业的知识和能力，这种人的职场跳高首先看重的不是薪水的增加或者职务的上升。因为我们每个人都想要挣很多的钱，但是我们要看自己的能力是不是能够为社会创造出更多的财富，否则即便在某一个特定的阶段你挣了很多的钱，这样的情况也不可能持续很久。

【案例】

章先生今年40岁，大专读的是弱电专业，曾经换过十几份工作，经过多年努力，他从十几年前的技术工人，一直做到了如今日资企业的技术主管。春节假期这几天章先生又决定要换份工作，因为虽然已经是主管，但是他的收入与几年前相比却没有明显提高，而且在这个公司，他已经没有上升的空间。

像章先生一样准备在春节后跳槽的员工不在少数。据统计，每年春节后都是员工跳槽的高峰期，因为一年工作下来，员工对企业和自身的情况有了更多的了解，而实际工作与自我设计的反差使得一些员工决定变换工作。而应届大学生的求职也在节后迎来新的高峰。其实无论是面临就业的大学生还是谋求跳槽的职场宿将，在做出决定前，都应该对自己的职业生涯进行合理的规划。但是对于大多数人来说，职业生涯规划似乎还是一个新鲜事物。职业生涯应该怎样规划？职业生涯规划对一个人的职业发展究竟有多大影响？

我认为，目前，知道“职业生涯规划”这个词的人比较多，但是真正了解它的人还很少。“职业生涯规划”指的是个人结合企业发展目标和自身情况、眼前的机遇和制约因素，为自己确立职业方向、职业目标，选择职业道路，确定教育计划、发展计划，为实现职业生涯目标而确定行动时间和行动方案。

对于正在准备跳槽的章先生，我也给出了建议。我认为，章先生应确定自己未来的发展方向，是继续做技术人员还是转行做管理人员。如果是前者，可以选择更大型的企业、更有挑战性的项目，在实践中多接触新技术和新设备。如果想成为管理人员，可以利用目前的平稳阶段读MBA。

在换工作时，“跳槽”不要单纯只是看待遇，而主要看自己是否找到了一个更好的发展平台，在这个平台上，我们是不是有更好的发展空间？是不是能够为企业、为社会创造出更多的财富？职场跳高不应只考虑到个人的利益，而是要兼顾个人利益和企业利益乃至社会利益。只有给予企业和社会利益前提下的“跳槽”，才能越跳越高。

六、你适合“创业”吗

2013年，国务院有关部门提出放宽工商登记条件、实行“宽进严管”的方案。作为全国工商登记改革试点城市的深圳，从3月份就全面启动了这项改革。没想到，改革后在当地引发了前所未有的企业注册潮。

据报道，在深圳市场监管局福田分局的注册大厅，凌晨四点多，就已经有很多人在门口排起长队。

是什么让深圳人大半夜地就跑来注册企业呢？大厅里，刚刚大学毕业，打算开公司创业的小李说，现在注册的门槛低了。以前，他想注册公司太难了，像他这样的一人公司最少也要缴纳10万元的注册资本。

现在注册资本由实缴改成了认缴，小李只要写明认缴数额，以后慢慢缴纳就行。而以前注册时必须提交的经营场所证明，现在也改成了只留个地址就行。别小看这个经营场所证明，它曾经让深圳不少生意人不得不无照经营，旺角广场里的四五十家理发店就多半没有执照。

据深圳市政府介绍，之所以在全国率先改革企业注册制度，就是要让那些想创业的人在深圳找到空间。

你适合创业吗？现在这是一个鼓励创业的时代，社会各界为创业者提供了非常便利的条件和营造了创业的环境，提高了创业成功率，这是有利的一面，但不利的一面是这个社会太浮躁了，舆论引导不好会导致更加浮躁，大家都去找项目投资，都去搞项目大赛，这是捷径，但是绝大部分真正的成功者还是那些经过艰苦努力，那些拥有坚实基础的拓荒者。

做事情都应该有个标准，就像走路首先确定好方向，创业者趋之若鹜，并不是所有的人都适合当老板，都适合创业。

创业者一定要问清楚自己几个问题：

我想做什么？这是非常重要的，那就是确定好方向，当你把将要从事的事业与国家发展、与社会进步的潮流保持一致、联系在一起时，你的事业就会长远发展，比尔·盖茨、福特他们白手起家能创业成功莫不如此，正是他们前瞻性的眼光，提高了他们成功的机率。

我的优势是什么？这么多人创业，为什么你会成功？你创业成功必须有别人不可比拟的优势，或者你看到这一点的优势方向，这不仅是创业的条件，也是创业的自信心，要做本行业的专家。

我依靠谁？很多人一想到创业马上去想招人，实际上一开始必须是靠自己，带队伍也是首先靠自己，自己打下坚实的根基，然后才有资格或者是有能力招一些水平更高的人，成功的企业家都是这样干起来的。

虽然政府鼓励创业，可当今形势下创业很难，创业者基本铩羽而归，很多人结果变成“负翁”。个人想实现自我价值，选择创业，但企业不大，没有竞争力。

创业作为职业生涯规划的一种形式，如何对国家、对民族、对自己有利？

看一个人创业能否成功，先问他打算赚多少钱，打算赔多少钱，如果只想到赚钱，不打算赔钱，这样的人创业必死无疑。

创业的人必须弄清楚：要想通过创业赚钱，你所赚的钱是创造财富的一部分。要想赚更多的钱，要问自己有没有能力创造更多的财富。盲目创业是时间、精力、生命的浪费。

狭义的创业：注册公司自己当老板，属于外职业生涯的创业；广义的创业：职业素质的创业，属于内职业生涯的创业。

去工商局注册，创业只是一个形式，什么时候你的工作热情、努力精神不因待遇不公、受人评价而减少时，就开始了真正的创业。创业是非常艰苦的事情，真正想创业成功，需要用一生的热情、用一生的努力，用一生的投入来赢得自己的人生，赢得事业的成功。

第六章 企业与员工实现共赢的法宝

第一节 职业生涯规划对企业发展的意义

曾经有人问我："老师，社会变化这么快，有必要做职业生涯规划吗？"我的回答是："如果社会不是变化这么快，你今天就知道十年以后、二十年以后你干什么事、担任什么职务、挣多少钱，才没有必要做职业生涯规划。"正是因为我们生活在一个变化迅速的社会环境中，所以才有必要做职业生涯规划。因为各种资源有限，比如说时间就是一个宝贵资源，为了有效地利用时间，更该做好职业生涯规划。

为员工做职业生涯规划，帮助员工成长发展，激励员工在这个企业中长期干下去，可以帮助企业留住优秀人才，让员工在这里工作有一个明确的发展目标。否则，企业是很难留住或者根本就留不住优秀员工。

只有员工职业生涯得到发展，才能发挥其积极性和创造性，结合企业的发展战略，可提高企业的创造能力和适应环境变化的能力，从而促进企业的可持续发展。所以说，企业帮助员工策划出周密的职业生涯规划具有很大的意义。

第一，避免给企业带来损失。使每个员工的职业生涯目标与企业发展目标相一致，降低和减少个人职业生涯规划与企业职业生涯规划相违背的情况发生，同时合理配置企业人力资源，保证企业未来人才需求和企业的可持续性发展，避免企业人才断档和后继无人情况的出现，避免给企业带来不必要的损失。

第二，吸引和留住优秀的员工。员工们普遍对于自己未来发展趋向和潜力的关注将会超过对目前薪酬的关注程度，因此，企业不仅仅是为员工提供一份与其贡献相称的报酬，使其分享到自己所创造的财富，而且要充分了解员工的个人需要和职业发展意愿，为其提供适合其要求的上升道路。也只有当员工能清楚地看到自己在企业中的发展前途时，他才有动力为企业尽心尽力地贡献自己的力量，与企业结成长期合作、荣辱与共的伙伴关系。

基于此，企业首先应该注重对员工的人力资本投资，健全人才培养机制，为员工提供受教育和不断提高自身技能的机会，从而具备一种终生就业的能力。当员工对知识、个体和事业成长不懈的追求与对企业目标实现的追求相互融合时，当员工认为他是企业的一份子时，就会形成对企业的忠诚。企业自然而然就吸引和留住了这些优秀的员工。

第三，有利于提高员工自我定位的准确性。增强员工对职业环境的把握能力和对职业困境的控制能力，摒弃“职务不提升即职业不成功”的旧观念，使员工对自己有一个准确定位，成为技术专家，或者业务专家，或者是管理人员，都是职场的成功，在企业提供的工作舞台上最大限度地发挥自己的才智与能力。

第四，实现企业的可持续发展。在知识经济时代，企业竞争的根本是“人”，只有拥有大批具有丰富工作经验和专业知识的忠诚员工为企业效力，企业才谈得上具有竞争力和可持续发展的能力。通过职业生涯管理，使众多员工在各自的岗位上充分发挥自己潜在的积极性和创造性，实现自身事业的发展。结合企业的发展战略，众多员工个体事业的发展，可提高企业的创造能力和适应环境变化的能力，从而促进企业的可持续发展。

>>第二节 如何处理好职业生涯现状与职业生涯发展之间的关系

在职业生涯初期，我们所从事的工作往往不是自己喜欢，更不是自己想从事一生的工作。我们在职业生涯培训课上做过这样的调查统计：走上职场所从事的第一个工作恰好是自己喜欢的工作，这个比例还不到3%。也就是说，97%以上的人对自己的第一份工作不满意。当然，是否对一项工作满意涉及诸多因素，如专业是否对口、性格是否适合、能力特长是否匹配、薪酬待遇是否满意、同事关系是否融洽、是否有职业生涯发展空间、与自己的兴趣爱好是否接近，甚至家人的期待、住地的远近、朋友们的评价都会成为影响因素。在情感生涯中，人们渴望一见钟情的浪漫；在职业生涯中，谁又不希望对工作情有独钟？

在市场经济社会中，一个人一生会从事4-8个职业。请注意，并不是换4-8个单位。因为在同一个工作单位，可能会从事二个或更多个职业。而在两个不同的单位，也可能会从事同一个职业。在职业生涯初期，我们所要努力做的事情，并不是努力地寻找自己喜欢的工作，而是要努力地干好自己正在从事的工作。要分清：喜欢不喜欢一项工作是一回事，是否有能力干好一件工作是另一回事。不喜欢自己正在做的工作是事实，应该做好这份工作更是职场要求。切记：职业生涯发展是从做好本职工作开始的。当一个人还没有能力做好本职工作时，根本没有资格说不喜欢。

即使明白了应该把本职工作做好这个道理，但别扭、遗憾的心情还是会影响工作情绪。这就需要从本职工作中，找到对将来职业生涯发展的价值，才能让理性和感性统一起来。

【案例】

小Y是一个年轻帅气的小伙，，但只有中专文凭的他在一家合资企业仅仅从事邮寄资料和样品的工作。他认为这个工作即烦琐又没有价值，每天上班时都无精打采的。发生邮寄错误，已成为家常便饭。写检查、交罚款、被警告，使他几乎成为公司的反面教材。有一天，他在办公室里对着窗外发呆想心事，突然总经理走进来，他吓了一跳，赶紧手忙脚乱地整理物品。总经理并没有批评他，而是和颜悦色地问："你在看什么？"他只好实话实说："我在看外面的大楼。"总经理又问："看那些大楼干什么？这是不是跟你对今后工作的向往有关系？"他跟总经理说出了心里话："我真正的理想是要做一个像贝聿铭那样的世界级建筑大师，给天津设计出来世界闻名的高楼大厦。”总经理鼓励他说：“你那个大厦都有什么功能？”他来了劲头，眉飞色舞地说：“第一层是有落地大窗的幼儿园，来大楼上班的人可以先把孩子送到幼儿园，工作疲劳时来幼儿园的落地大窗外看看听听孩子的欢歌笑语。二楼是银行、邮局和小超市，大楼里上班的人免得请假去远处。大楼的顶层是一个多功能大厅，可以当餐厅、舞厅和健身房。”总经理又问：“还有什么功能？”他又兴高采烈地说：“我的设计是在大楼里安装了最全的现代生活工作设施。这是天津最高的大楼，能容纳五六万人。”总经理说：“还少了一样重要的东西你没有设计。”他仔细想了想说：“都有了，我已经想的很齐全了。”总经理问：“电梯和楼梯呢？这么多人怎么上去下来呢？”小Y挠挠脑袋说：“这个我还真忘了。”总经理开导他：“你现在做的工作确实和设计大楼没有直接关系，而我们公司在未来也不可能自己设计大楼。因此，在这里并不能实现你当建筑大师的梦想，但是工作中的敬业精神，认真仔细的态度，考虑周全的工作风格却可以通过你现在的工作培养锻炼。你现在常常把邮寄资料的数量、地址、接收人搞错，有谁会相信你能设计出来功能齐全的现代化大厦？我支持你将来去实现你的梦想，但要从现在的本职工作中培养实现梦想的职业化素质。请你认真写一份邮寄样品和资料的工作流程，再把你以前所有的失误，变成培训案例。这些写好后，公司招聘一个做这项工作的新同事，你来培训他，等到新同事能够胜任工作了，你就去进修建筑设计，实现你的梦想。”这番话帮助小Y找到了做好本职工作的价值，他通过3个月的工作实践改进，写出了非常详细的工作流程和避免失

误的注意事项，而且在这个过程中，他的工作出错率几乎降为零。

千里之行，始于足下；环抱之木，始于毫末。如果我们想去某一个风景胜地旅游，通往那个风景胜地的路途，就是我们虽然并不喜欢但必须要经历的过程。如果谁拒绝走好这段路程，那么去旅游胜地观光就只能在梦游中进行。

在职业生涯初期，锻炼最大是最好的工作；在职业生涯中期，收入最多是最好的工作；在职业生涯后期，实现人生价值最大是最好的工作。

职业生涯初期是指初入职场到30岁左右，在这个年龄阶段，一个人还没有培养出来全面成熟的职业化素质。在观念、知识、技能和心理条件上，都会和职场要求有较大差距，因此要抱着终生学习的态度，在社会大学中继续学习。在职业生涯初期，不要计较收入、地位和荣誉，要注重锻炼提高真本事，提升自己胜任本职工作的能力。

职业生涯中期是从30-50岁这一年龄阶段，在这个年龄阶段里，结婚生子、养育后代、孝敬父母、购房买车都需要大量的资金。只有在职业生涯初期较全面地具备了职业化素质的人，才能在职业生涯中期成为职场上具有核心竞争力的人，不需要再揣着简历到处去应聘，而是得到本单位领导重视，有满意的收入。或有能力独立创业，享受更多的投资回报。

职业生涯后期，是从50岁到退出职场这段期间，如果能在职业生涯中期积累了足够的财富，解决了资金上的后顾之忧，就可以做到对上可以孝敬父母，对下可以给孩子创造很好的学习生活条件，自己不再因为房子、车子、出国旅游等经费而发愁。这时他在职场上的发展不再以增加收入为主要目标，而是追求实现人生价值最大化。做自己最想做的、与自己的价值观、性格、兴趣最为接近的工作。

从眼前到未来，从现实到理想，如何走好职业生涯之路？有两个重要的工具可以使用，这就是职业生涯现状分析和职业生涯规划。

职业生涯现状分析是让我们低下头来，认真观察和分析做好本职工作所需要的职业化素质，找出目前工作能力与很好地胜任本职工作所需能力的差别。无论是知识还是观念，技能还是心理条件，差什么补什么，逐渐形成自己的职场上的核心竞争力。

职业生涯规划是让我们抬起头来，看清较长期的发展方向，制定出具体明确的目标，确定为实现目标开始行动的起始时间和将目标变成实际结果的最终实现时间期限。再将目标进行分解，变成具体的行动计划。通过实践，探索切实可行的方法，直到把每一个分目标都变成实际结果。

只有展望未来，才能勇气倍增、激发潜能；只有脚踏实地，才能取得阶段性的成果，增强自信。当我们有能力出色地干好一个又一个并不是十分喜欢的工作后，我们将真正有能力、有资格从事我们最喜欢的工作，使人生价值最大化。

>>第三节 员工要找到个人利益和企业利益的最佳结合点

一、认识到个人利益和企业利益的一致性

【案例】

相传佛祖释迦牟尼曾考问弟子："一滴水怎样才能不干涸？"弟子们冥思苦想：孤零零的一滴水，一阵风能把它吹干，一撮土能把它吸干，其寿命有几何？弟子们百思不得其解，释迦牟尼说："把它放到江河海洋里去"。我们往往赞美江河的奔腾、豪放；大海的辽阔、壮观，殊不知浩浩江河海洋是由无数区区水滴汇积而成并日益壮大的。水滴既能在汇成的江河海洋中找到自己的位置，又能感受到江河海洋赋予的温暖和力量。二者之间是你给我温暖和力量，我给你奇迹和壮观，共生共荣、密不可分的依存关系。

企业与个人的关系也正如江河海洋与水滴的关系：对个人而言，企业是施展个人才华、实现个人价值的舞台；对企业而言，企业的发展源于每个员工的劳动和创造，员工实现自我价值的过程，就是企业蓬勃发展的过程，二者相辅相成、相互推动，共同发展。

企业的契约论指出企业的本质是各种的契约关系的组成，是"一个契约替代一系列契约"。企业的契约组成部分可能有金融资本、人力资源、土地资本、技术资本、社会资本等，各个组成部分依靠契约的关系构建成了企业，企业作为一个独立的组织，履行了对各个组成部分契约的责任。只有在各个契约利益得到平衡时，企业才能有发展。员工作为一种契约的主体，其利益只有在与公司整

体利益一致时，其利益的实现才能有保证。因此，从企业的本质角度上看，员工利益与企业利益是一致的。

2008年美国相继发生了大量金融机构倒闭破产事件，隐藏了一段时间的金融危机终于爆发。随着金融危机的深入，不断地侵蚀着实体经济，全球知名的制造、服务、金融企业纷纷降薪裁员。根据凤凰网的消息：一些知名企业纷纷裁员降薪，松下全球裁员1.5万人，索尼全球裁员1.6万人，中集集团2万人休假，宝钢全员工资下调10%，东方航空采取减少奖金方式降薪，海南航空普降薪酬等。发生在我们身边的金融危机导致员工失去工作和降低工资待遇的事实告诉我们员工的利益建立在公司的利益基础之上，如果公司没有好的发展和经营状况，员工也不可能有好的发展和待遇。

金融危机的起因是次级债危机导致了美国投行的大亏损，在次级债危机中反映了过度消费、监管缺失、人性贪婪等问题，因此，问题的关键还是在于人。如果员工不能够为企业的长远发展考虑，不能够把个人利益与企业利益相结合，也会导致企业利益得不到保证。这也是为什么有的企业能平衡度过金融危机，有的企业却在危机中消失的原因。也就是说：没有企业的发展就没有员工个人的利益，没有员工的努力和敬业就不能保证企业的长远发展。

二、个人目标要融入企业目标

个人目标是自己的目标，但并非仅靠自己就能实现，有很多人的理想抱负是通过企业来实现的。而企业目标的实现是所有员工部分个人目标（与企业目标一致的部分）的实现之和。

员工应处理好企业与个人的关系，兼顾二者的利益，使企业与个人的价值目标都能得以实现。

将个人目标融入企业目标，会使个人投向企业及部门的整体业绩，而不是自己的报酬和升迁。这样员工的视野会更加广阔。在工作中，他们会认真考虑自己现有的技能水平、专业，乃至自己的部门与组织目标应该是什么关系，他们还会进一步从客户或消费者的角度出发考虑问题。

将个人目标融入到企业目标中，可以增进一个人对自己工作的认同，从而大大提高他的工作热情和效率。一个人要实现自己的工作价值，就应当将个人追求融入到企业目标中。

但我们发现能真正和企业发展目标从始至终保持一致的人数极少，大部分人在职业生涯过程中仅仅是与企业发展目标有一段交叉时期。可能交叉时间比较长，也可能交叉时间很短。

三、树立正确的价值观

从个人成长的角度来说，追求物质利益，追求事业成功，实现个人价值，是人的自然本性。因为个人价值是人生的支点和基石，是人努力工作的动力所在。随着市场经济的快速发展，现代人希望自我价值能在企业的成功中得到更好的体现，希望自己能更好地与企业一起健康成长。这无可厚非，但作为个人来讲，我们必须认识到以下三点。

第一，作为员工，无论是处于企业何种层次、何种位置的员工，都必须摆正个人和企业的关系；都必须明白一个道理：个人的力量是有限的，就像大海中的一滴水，只有融入大海，才不会干涸。同样，在工作中，只有融入群体，互相配合，才能创造出更大的价值。任何一个员工，如果没有与企业共同发展的信念和价值观，时刻将个人的利益置于企业利益之上，那么，他就不会成为优秀员工，就不会随企业的发展而健康成长，更不可能成为企业的出色管理者。

第二，要正确理解“不想当将军的士兵不是好士兵”这句话的含义。即要有当将军的理想，并愿意为这个理想努力学习，勤于思考，精于历练，一旦上任便能马上进入角色，把工作干好；不是所有的士兵都能当上将军，如果时机不成熟，没有得到理想中的晋升，也要保持平常心态，继续修炼。

第三，员工要以企业的持续发展为己任，自觉与企业共命运。一旦企业的发展出现问题就马上离开，拥有众多这样员工的企业难以有长远的发展，这样的员工自身也不会有任何的成长，更谈不上自身价值的实现。

总之，我们每位员工都应树立正确的价值观，将个人价值的实现与企业的生存、发展统一起来，将个人的价值取向与企业的价值取向统一起来，创造性地做好自己的本职工作。同时，企业的制度建设要为员工个人价值的实现提供更加广阔的空间。这样，企业与个人都能得以成长和发展。

四、找到双方利益的最佳结合点

说到利益这个问题，很多人都在犹豫。其实最根本的问题员工要明白，有了企业的利益，员工个人的利益才会得到保障。以前接受面试或面试别人的时候，很多人会提到这个问题“你为了什么而工作？”一般的答案无非有几种，要么为了生计，要么为了工作而工作，要么为了实现自己的价值，要么为了个人以后的发展。如果为了实现自己的价值，可能员工的心态会有很大的改变，可能会把企业当做自己的一部分，把企业的利益摆在自己之前，更会积极主动地投入到工作中。虽然这样看，有人会说比较愚昧，但这恰恰是智慧的体现，当员工通过努力工作实现自我价值的时候，他得到的将会更多，除了知识和经验的积累，他更会得到上司的器重，更会委以重任，企业效益好了，员工自然而然地会得到他应该得到的那部分利益。有时候，身处职场，员工更要有长远的目光，肯舍得放弃，得到的将会更多。

如何找到个人利益与企业利益的结合点呢?

把个人目标融入企业目标，即找到个人发展与企业发展的利益结合点；将企业目标分解成部门目标；部门目标再分解成岗位目标；最后把岗位目标转化成在这个岗位上工作的个人目标——即不仅仅是按照企业的要求完成工作，还与个人的发展前景连在一起。这样，员工才会有更大的动力。员工的个人目标实现了，岗位目标才能更好地实现；岗位目标实现了，部门目标才能实现；部门目标实现了，企业目标才能实现；企业目标实现了，企业决策人的职业生涯目标才能实现。这是一个良性循环，相辅相成。

第三篇

冬天来了，春天还会远吗

寒冬不是骤然降临的，有偶然也有必然。也许冬天比我们准备的还要长，也许困难比我们想象的还要多，但可以肯定，那些坚持『冬练』，善于捕捉机遇顺势发展壮大的企业和员工，在春天到来时，一定会成为市场竞争的『新英雄』。

第七章 企业与员工齐心协力共渡难关

第一节 企业在弱小或有困难的时候要留住有能力的员工

一、用薪酬和福利留住员工

薪酬是员工个人和家庭收入的重要来源，支付薪酬是用人单位最重要的一项义务。薪酬对双方来讲都意义重大。

据调查发现：在所有的工作动力分类中，薪酬能极大地影响员工行为，员工们都将薪酬与收益视为最重要或次重要的指标。因此，只有建立了有效的薪酬制度，企事业单位才会进入良性循环；否则，员工的积极性就发挥不出来。

那么，怎样的薪酬制度才能留住员工？

富有竞争力的薪酬机制能够使员工一进入企业就懂得珍惜自己的工作岗位，竭尽全力，把自己的本领都使出来。相反，缺乏市场竞争力的薪酬，将可能使企业流失核心员工，这样企业就需要不断招聘新员工，同时不断流失老员工，这样恶性循环下去，必将导致企业资源的巨大浪费。

支付高薪酬的企业最能吸引企业所需的员工，尤其是那些优秀的员工。同时，较高的薪酬必然带来较高的满意度和忠诚度，还有较低的离职率。一个结构合理、管理良好的绩效付酬制度，应能留住优秀的员工，淘汰表现较差的员工。

员工通常会把福利折算成收入，用以比较企业间薪酬的吸引力。福利结构设计得好，不仅能为员工带来方便，增强企业对公司的忠诚度，而且也有利于提升企业的社会声望，能够为公司运营和发展获取源源不断的优秀的员工。因此完善的福利系统对于吸引和保留有能力的员工具有重要意义。

以员工的能力为基础确定其薪水，工资标准由技能最低直到最高划分出不同级别。当员工能够胜任更高一级工作时，他们所获的报酬也会相应地提高。实行按技能及工作结果付酬，可以使员工更加关注自身的发展。

在国外，越来越多的薪酬专家正在致力于研究如何提升员工对薪酬满意度的课题，专家们认为很有效的一条就是“意外性收入”。

也就是说，当员工有了“意外性收入”的时候，他们的满意度最高。因此，管理者一定要明白：“规律性收入”不会提高员工对薪酬的满意度——这钱本来就是我该得的！

马斯洛的需求层次论认为，人的需求按先后顺序发展，满足了的需要不再是激励因素。员工只有在低层次的需要得到满足之后，才能考虑更高层次的需求。也就是说，员工只有在经济性薪酬得到满足之后，才能考虑更高层次的非经济性薪酬。

像企业组织提供的工资、津贴和晋升机会等等，都属于经济性薪酬；像员工在工作中获得成就感、受重视、有影响力、个人成长等，都属于非经济性薪酬。事实上，企业组织可以通过非经济性薪酬，让员工从工作本身得到最大的满足。

薪酬管理不是对金钱的直接关注，而是关注如何正确地使用薪酬的激励作用。对收入较低的员工适宜于经济性薪酬；对高层次的员工应将经济性和非经济性薪酬结合起来，这样有助于增强激励效果。

总之，企业在设计薪酬的时候，应该有针对性地了解员工的需求，适时满足员工的合理需求。企业组织可以根据需要，把多种薪酬和福利制度结合起来，留住有能力的员工。

二、建立有效的激励机制留住员工

企业最关心的是什么？是绩效！企业有了好的绩效才能生存，这就要求员工有较高的个人绩效水平。在企业中，我们常常可以看到有些能力强的员工的绩效却低于一些才能明显不如自己的人，可见好的绩效水平不仅仅取决于员工的个人能力。员工能力再高，如果没有工作积极性，也是不可能有好的行为表现的。

挖掘员工潜力在生产和管理过程中有着极为重要的作用。美国哈佛大学教授威廉·詹姆士研究发现，在缺乏激励的环境中，人的潜力只能发挥出20%-30%，如果受到充分的激励，他们的能力可发挥80%-90%。由此可见，激励是挖掘潜力的重要途径。索尼公司鼓励每一位员工对产品提出任何意见，由此，便有了随身听的诞生，这便是挖掘潜力非常成功的一个案例。由此可见，以调动人的积极性为主旨的激励是人力资源开发和管理的基本途径和重要手段。企业管理中引入激励机制不仅是企业现代化管理的表现，更是迎接未来挑战的一剂良方。

对员工分层次进行激励。根据马斯洛的需求层次理论，企业的不同层次的员工对于激励的需求也有所不同，很多企业在实施激励措施时，并没有对员工的需求进行认真的分析，“一刀切”地对所有人采用同样的激励手段，结果适得其反。

从事简单劳动的员工，创造的价值较低，人力市场供应充足，对于他们采用物质激励是适用的和经济的，采用物质激励会更有效。相反，高层次的技术人员和管理人员，来自于内在精神方面对成就的需要更多些，而且他们是企业价值的重要创造者，公司希望将他们留住。因此公司除尽量提供优厚的物质待遇外，还要注重精神激励和工作激励，如优秀员工奖、晋升、授予更重要的工作、创造宽松的工作环境，以及尽量提供有挑战性的工作来满足这些人的需要。

薪酬要与绩效挂钩。薪酬激励是最重要、最常见的一种物质激励手段，这种手段易于企业控制，变化因素少，可以起到事半功倍的效果。要想使薪酬系统具有激励性，薪酬系统必须与员工绩效结合起来。绩效薪酬可以把公司与员工的利益统一起来，员工为自己目标奋斗的同时，也为公司创造了价值，可以达到一种“双赢”的目的。绩效薪酬实施过程中注意要有科学的绩效评估体系为依据，否则，会影响绩效薪酬的公平性，达不到激励员工的目的。

采取弹性福利制度。不同的员工对福利的需要是多种多样的，有的喜欢物质的，有的喜欢精神的，可谓众口难调。以往企业给予员工一样的福利待遇，一定会有部分员工的需要难以得到满足，采取弹性福利制度就可以很好地解决这个问题。弹性福利制度给予员工选择福利的机会，允许员工把个人需要与所需福利结合起来。另外，企业还把福利与工作年限联系在一起，年限越长、职务越高可选择的空间也越大，充分体现了企业的人文关怀，这样更有利于长期激励。

综合运用工作激励和参与激励。韩国精密机械株式会社实行一种独特的“一日厂长制”管理，即让员工轮流当厂长管理厂务，一日厂长和真正的厂长一样，拥有处理厂务的权力，若一日厂长对工厂管理、生产、工人工作等方面有意见时，记录在工作日志上，让相关部门员工收阅，部门主管依照批评意见纠正自己的工作。这一制度实行后，大部分员工都当过“厂长”，工厂的向心力因此大为加强，实施当年即为工厂节约成本300多万美元。

很多企业只关心员工的工作本身而忽略了为工作提供良好的支持。员工所处的工作环境是员工工作时随时可以感受到的。若环境对员工的工作产生负面影响，员工会有持续的不满。当员工总是感觉到环境的不适时，企业无论怎么激励都不会有良好的效果的。

因此，要为员工提供一个良好的工作环境。

企业往往认为员工的素质越高，工作越出色。可是，我们可以假想一下，让一个高素质人才去干一份平淡、简单的工作，结果会是怎样。长时间工作后，这位人才一定会弃企业而去。

现代企业的岗位需要的是最适合的人来干。员工素质过高，对工作提不起兴趣；素质过低，无法完成工作，也不会对工作有兴趣。只有与员工的个人能力相匹配的工作，才会激起员工的工作兴趣，员工才会有积极性。

因此，员工的技能特点、性格特点要与岗位的任职条件相匹配。

调查表明，当员工按部就班地工作一段时间以后，积极性会有很大的下滑趋势。对工作内容的设计，可以缓解这一问题。例如，流水线上的工人每天从事一样的工作，较长时间后，积极性就会下降。如果适当调整并扩大其工作内容，采用工作轮换，就会再次提起工人对工作的兴趣。对于管理和技术人员，工作内容较为丰富，企业鼓励其在工作上的创新，增强工作的挑战性，从而有效地激励他们。

因此，工作的内容要丰富、具有一定挑战性。

三、用企业文化留住员工

从企业发展的角度讲，只有员工的成长和进步才能带动企业全面创新，才能推动企业的不断发展，只有企业的持续发展才能带动员工的健康成长。企业经营的好坏直接关系到每个员工的切身利益，企业与每个员工的命运息息相关。从这种意义上讲，员工与企业的形态不仅是一个利益共同体，更是一个命运共同体。那么，如何才能让员工把自己的命运与企业的命运紧紧相连呢？其联系的纽带是企业文化。一个符合时代特征、符合自身发展需要、被员工广泛接受的企业文化才是推动企业发展的长久动力。

企业文化是企业最高领导者所提倡并身体力行,得到员工认同并自觉遵守的言行准则。

文化是企业的软实力，成功的企业文化，能够调动员工的积极性，激发员工的创造力，提高员工的归属感，从而增强企业的凝聚力和吸引力。企业组织应当重视企业文化建设，并传播企业文化，使员工与企业共同进步。

【案例】

鞋业品牌361°（中国），以人为本缔造企业文化。361°（中国）一直有个特别的企业文化：“我们都是一群平凡之人，在做着一件不凡之事。”

“员工成长了，公司自然‘不平凡’！”361°（中国）有限公司人力资源总监钟庆辉如是说。

361°（中国）为员工提供一个公开公平的成长平台，这是361°关爱员工的另一项举措。公司建立了“能者上、平者让、庸者下”的用人机制。此外，361°每年都会组织形式各样的员工活动，成立各种员工俱乐部，举办员工文化节，丰富员工的业余文化生活，受到员工的一致好评。公司以人为本，旨在给员工提供一种积极健康的工作和生活方式。这样，才能真正让员工快乐工作。

美国希尔顿酒店创立于1919年，90多年来，从一家酒店扩展到100多家，遍布世界五大洲的各大城市，成为全球最大规模的酒店之一。希尔顿酒店生意如此之好，财富增长如此之快，其成功的秘诀就是牢牢确立“宾至如归”的理念，并贯彻到每一个员工的行为之中，注重企业员工礼仪的培养，并通过服务人员的“微笑服务”体现出来。

创始人希尔顿十分注重员工的文明礼仪教育，倡导员工的微笑服务。他每天至少到一家希尔顿酒店与酒店的服务人员接触，向各级人员（从总经理到服务员）问得最多的一句话是：“你今天对客人微笑了没有？”

希尔顿写的许多书中有一本叫做《宾至如归》，时至今日，这本书已成了每个希尔顿酒店工作人员的“圣经”。

好的企业文化能有效地增强员工对企业的认同感，企业管理者要高度重视企业文化巨大的精神作用。首先是加强对员工个人的观念引导。观念引导，关键在于“命运共同”的理念引导。只有命运共同，才会思想一致；只有思想一致，才会行动一致；只有行动一致，企业目的才能实现。

同时，要加强企业与员工之间的沟通，管理者要掌握沟通的艺术，要成为沟通的楷模，要及时地将代表公司意志的信息和公司的共同愿景传递给员工，让员工对企业的发展有个清晰正确的认识。管理者之间、上下级之间、同事之间、部门之间都要进行有效的沟通，要以座谈、研讨等多种形式，使员工的意见和建议有正常的、多样化的渠道得以传递和表达。真正形成一种人人关心企业、人人爱护企业的、欣欣向荣的文化氛围。

正如马云所说：文化是企业的DNA。高的工资留住人，好的文化留住心。

四、最重要的方法：用职业管理和职业生涯规划留住员工

职业生涯规划是企业或者员工个人把其自身的发展与企业发展相结合，对决定个人职业生涯的个人因素、企业因素和社会因素等进行分析，制订在事业发展上的战略设想和计划安排。所以，在进行职业生涯规划时，首先要对员工个人的特点进行分析，再对所在企业环境和社会环境进行分析，然后根据分析结果制定一个人的事业奋斗目标，进而为其选择实现这一事业目标而编制相应的工作、教育和培训的行动计划，并对每一步骤的时间、顺序和方向做出合理的安排。

有关调查显示，求职者尤其是高学历的求职者，选择工作时最看中的就是发展前途。没有员工会满意没有前途的工作。企业要把员工的工作前途告诉员工，就要制定职业生涯规划，让员工明白自己在企业中的发展机会。不断让有发展前景的企业员工在个人成就、经济收入方面都能有更高的奋斗目标，永远不要让优秀的企业员工感到在本企业“已干到了头”。

职业生涯规划对员工而言，它体现了个人的目标，增强了职业环境的适应能力，有助于协调好职业与生活的关系，实现人生目标。它还能帮助个人消除对现实的迷茫感，增强对未来的安全感、对企业的归属感和自身的成就感。而对企业而言，进行职业生涯规划则重在了解员工需求、明确目标、解决矛盾、提高机会、开发潜能，以实现共同发展。

以往国内的企业很不重视员工的职业生涯规划，很多员工不知道自己将来的位置，自身发展存在很大盲目性。如果企业能够重视员工职业生涯规划的制定，充分了解员工的个人需要和职业发展意愿，结合企业实际，为员工提供适合其要求的升迁道路，使员工的个人发展与企业的可持续发展得到最佳结合，员工才有动力为企业贡献自己的力量。员工职业生涯规划设计，是一种长期激励措施，是一种必不可少的激励手段。

员工职业生涯规划是由员工、企业共同设计的一个整合，其中，员工个人应在其中承担主要的职业发展责任；而企业的职责主要是明确职业发展道路，提供发展空间并给予培训支持。

五、重视企业培训工作

目前来说，有不少企业的人才开发和培训大都缺乏长远的规划，短期在岗培训多，长远开发培训少;培训的针对性不强，培训质量不高，理论培训多，实际操作培训少。在人才流失率较高的情况下，又不注重在职中高级管理人员和青年技术人员的培训和开发，优秀的管理和技术人才青黄不接，必然对企业的经济效益和长远发展产生影响。

很多时候，企业培训的资历、工作的年限、学历等都成为决定受培对象的绝对因素，这是企业培训的一个误区。这样会使很多在岗的年轻人看不到自己在企业里面的机遇，感受不到自己的价值，认为自己未被企业认可，产生前途渺茫的感觉，以至于其中不少人选择“跳槽”。

企业在进行人才开发与培训的时候，不能因为害怕人才经过培训和开发后离开企业，使企业“人财两失”，就在人才培训和提高上“精打细算”。相反，企业应该更加重视人才开发和培训，一方面提高现有人才的技术技能和知识水平，让他们和企业产生“共存感”；另一方面，通过开发和培训，在某些关键的技术岗位和管理岗位上储备一批后备人才，以防止和减少因现在在职关键人才的突然出走而给企业带来不利影响。

【案例】

作为化工界老大的杜邦公司在很多方面都独具特色。其中，公司为每一位员工提供独特的培训尤为突出。因而杜邦的“人员流动率”一直保持在很低的水平，在杜邦总部连续工作30年以上的员工随处可见，这在“人才流动成灾”的美国是十分难得的。

杜邦公司拥有一套系统的培训体系。虽然公司的培训协调员只有几个人，但他们却把培训工作开展得有声有色。每年，他们会根据杜邦公司员工的素质、各部门的业务发展需求等拟出一份培训大纲。上面清楚地列出该年度培训课程的题目、培训内容、培训教员、授课时间及地点等，并在年底前将大纲分发给杜邦各业务主管。根据员工的工作范围，结合员工的需求，参照培训大纲为每个员工制订一份培训计划，员工会按此计划参加培训。

杜邦公司还给员工提供平等的、多元化的培训机会。每位员工都有机会接受像公司概况、商务英语写作、有效的办公室工作等内容的基本培训。公司还一直很重视对员工的潜能开发，会根据员工不同的教育背景、工作经验、职位需求提供不同的培训。培训范围从前台接待员的“电话英语”到高级管理人员的“危机处理”。此外，如果员工认为社会上的某些课程会对自己的工作有所帮助，就可以向主管提出，公司就会合理地安排人员进行培训。

为了保证员工的整体素质，提高员工参加培训的积极性，杜邦公司实行了特殊教员制。公司的培训教员一部分是公司从社会上聘请的专业培训公司的教师或大学的教授、技术专家等，而更多的则是杜邦公司内部的资深员工。在杜邦公司，任何一位有业务或技术专长的员工，小到普通职员，大到资深经理都可作为培训教师给员工们讲授相关的业务知识。

此外，企业应经常开展相关的企业培训，还可以满足企业员工的求知欲与上进心，并以此吸引并留住优秀的企业员工。企业自己培养、逐步提升上来的人员会对企业都具有较高的认同感、归属感与良好适应性，一般都不忍心为了蝇头小利或小小的不顺心就离开企业，因此建议企业在工作负荷、人员编制、培训费用等方面都要提高重视。

>>第二节 员工要保持职业危机感

在经济不佳的大环境下，员工要时刻保持职业危机感，除了学习与自己工作有关的专业技能，还要积累一些可转移技能，如沟通能力、协调能力、管理能力等，这些是许多岗位、职业所必备的技能。要努力提升自己，做“在寒冬中表现最好的人”。

一、提高自身敬业度

通用电气前CEO杰克·韦尔奇曾经说过：“如果企业在员工敬业度、客户满意度和现金流三个方面没有问题的话，那么企业就会处在良性发展时期，成功近在咫尺。”这句话对于处在经济寒冬时期的企业来说，显得更加重要。因为这一时期企业更加需要稳健的发展，以打造企业“御寒的外衣”。那么，企业发展的核心“员工敬业度”，就显得尤为重要。

员工敬业度是指员工对企业投入的感情、智慧和承诺，如员工愿意主动与周围的亲人、朋友谈论、赞扬企业，表现自己对企业的喜爱；员工愿意留在企业工作，成为企业一员；员工愿意为企业的发展成功付出额外的努力。这是员工敬业的三个层面。

根据相关的研究，员工敬业度的提升将有利于提高员工的工作效率、服务的品质，有助于企业收入和利润的增加。也就是说，员工敬业度的提升会强化企业经营的稳健性。

在经济的寒冬时期，企业需要的正是稳健发展，而只有拥有较高敬业度的员工，企业的这一目标才能实现。因此，员工一定要注意提升自己的敬业度，成为为企业所急需的员工，和企业一起冲破寒冬，只有这样才能在经济寒冬中保住饭碗。

二、接受降薪，做企业“节约型人才”

在经济寒冬下，企业面临着巨大的生存压力，降薪也是企业的无奈之举。作为企业员工，要知道“大河有水小河满，大河无水小河干“的道理，理解企业在特殊经济时期的处境。要知道，相对被公司裁掉来说，降薪已经是很幸运的一件事了。如果降薪已成事实，那就坦然接受公司的决定，怀着感恩的心，与公司共患难吧。

当然，要想保住饭碗，就要给自己增加留下的机会。这时，你要更加专注于本职工作，全力以赴地对待它，凸显自身价值。业务能力强，拥有“舍我其谁”的特殊地位，才是保住“饭碗”的关键。

此外，员工在出色完成本职工作的同时，还要能够主动承揽更多的工作内容，兼职其他岗位的工作，成为“节约型人才”，减少被别人替代的机会。在经济寒冬的大背景下，能“以一顶三，身兼数职”的一专多能员工能够为企业节省开支，正是企业所急需的。

三、做企业“创新型人才”

在当今这样一个信息化的时代里，企业对人才的需求既有专业性，更显通用性、兼容性。因此，要做一个具有创新精神和创新能力，能开创新局面，对企业发展做出创造性贡献的“创新型人才”。

创新型人才具有较高的创造性和自主性，在企业中主要可凭借自身专业知识和智慧从事创造性工作，表现出较高的工作自主性。创新是企业发展的生命线。创新的关键在于人才。创新型人才是增强企业抵御市场风险能力的重要因素。

在创新型人才的各种必备素质中，企业最先看重的是其思想素质和道德素质，即创新型人才的工作责任心、事业心、敬业精神和工作态度，这是衡量其是否有良好心态、主人翁意识的判断标准之一，是能否做好工作的前提，更是一个人能力发展得到良好提升和未来职业规划最佳成长的综合素质的全面反映。

此外，创新型人才还应具有较高的文化素质，即应具有广博的基础知识，如扎实的专业技术知识、一般的人文科学知识、相关学科知识、专业知识等。

创新型人才应具有较好的生理心理素质，乐观、热情、积极向上，在工作中能主动发现问题、解决问题，勤于思考和反省自己。只有能主动工作的人才能够清楚地知道自身的责任和企业的目标，才会自觉地、积极地提高自主创新能力。

良好的协作精神和沟通能力也是创新型人才的必备能力。创新型人才必须懂得只有合作才能创造力量，才能加速成功；而合作又离不开沟通，要充分利用沟通方式。企业需要的是沟通能力强、有亲和力，能够运用自己良好的沟通能力与企业内外有关人员接触，能够合作无间、同心同德完成组织的使命和目的的人。这个社会中，唯一不变的就是变化。要想引领这个世界的变化，走在社会变化的前头，创新型人才必须努力学习，掌握变化规律。

四、获得职业生涯规划师帮助

在现代企业中，个人最终要对自己的职业发展计划负责，管理者则必须帮助员工做好自我评价、培训和发展。这就需要专业的职业生涯规划师来把员工个人目标与企业组织目标有机结合起来，使每个员工都清楚地了解自己，从而对职业选择有较深的了解，以便制定目标、完善职业计划；同时帮助企业鼓励员工参加感兴趣的工作，有良好的职业发展机会。

就算职场白领们的职业生涯未受到经济寒冬的影响，也很有必要做好预防，职业生涯规划师会帮你找到适合的路。

对于一个有着清晰职业规划的人来说，危机往往可以转换为一次转机，他能把握好自己的发展轨迹，在更好的平台获得更大的发展。做好职业规划，让所有危机防患于未然，胸有成竹地面对危机，这才是当前最重要的职场生存之道。

第八章 企业与员工抱团迎春天

>>> 第一节 做精做强，机遇总是青睐有所准备的企业

机遇总是青睐有所准备的企业，企业可以从以下几方面着手做精做强。

一、产品创新

产品创新指的是创造某种新产品或对某一产品的功能进行创新。产品创新的意义是显而易见的，创新是发展的动力，产品创新就是企业发展的动力。企业通过产品创新，提升产品的竞争力，拓宽市场，树立良好的品牌。

企业发展有一个长期的战略，产品创新在该战略中起着关键的作用。而产品创新也是一个系统工程，对这个系统工程的全方位战略部署是产品创新的战略，包括选择创新产品、确定创新模式和方式，以及与技术创新其他方面协调等。

产品创新源于市场需求，源于市场对企业的产品技术需求，也就是技术创新活动以市场需求为出发点，明确产品技术的研究方向，创造出适合这一需求的适销产品，使市场需求得以满足。在现实的企业中，产品创新要根据本行业、本企业的特点，将市场需求和本企业的技术能力相匹配，寻求风险收益的最佳结合点。产品创新的动力从根本上说是技术推进和需求拉引共同作用的结果。

二、在优化流程、提高效率上下功夫

要提升效率，首先要提升内部员工的工作效率，其次就是优化工作的流程，简化正常工作程序才能真正达到工作效率的有效提升。

流程优化是指对现有工作流程的梳理、完善和改进的过程。流程优化不仅仅指做正确的事，还包括如何正确地做这些事。

对流程的优化，不论是对流程整体的优化还是对其中部分的改进，如减少环节、改变时序，都是以提高工作质量、提高工作效率、降低劳动强度、节约能耗、减少污染等为目的。

流程优化要围绕优化对象要达到的目标进行；在现有的基础上，提出改进后的实施方案，并对其作出评价；针对评价中发现的问题，再次进行改进，直至满意后开始试行，正式实施。

流程优化的主要途径是设备更新、环节简化和时序调整，大部分流程可以通过流程改造的方法完成优化过程。对于某些效率低下的流程，也可以完全推翻原有流程，运用重新设计的方法获得流程的优化。

如何提高员工工作效率？

首先，充分发挥办公设备的作用。许多工作，可能会因为电话、传真机等办公设备出现故障而耽误下来。有的公司没有传真机，收发一份传真需要走很长时间的路，这样自然无法提高工作效率。

其次，工作成果共享。我们会发现，有时自己做的工作可能是其他员工已经做过的。有时查找一些资料，辛辛苦苦查找到了，结果发现另一位员工以前已经查找过了，如果当初向他咨询，就不必费这么大的劲了。将员工的工作成果共享，是一个很重要的问题。特别是对于员工较多的公司，这一点尤其显得重要。管理者可以利用部门的办公例会让大家介绍各自的工作情况；另外，对一些工作成果资料要妥善分类和保管，这些都能达到工作成果共享的目的。

再次，让员工了解工作的全部。让员工了解工作的全部有助于员工对工作的整体把握。员工可以更好地将自己的工作与同事的工作协调一致。如果在工作中出现意外情况，员工还可以根据全局情况，进行机动处理，从而提高工作效率。

然后，鼓励工作成果而不是工作过程。管理者在对员工进行鼓励时，应该鼓励其工作结果，而不是工作过程。有些员工工作很辛苦，管理者可以表扬他的这种精神，但并不能作为其他员工学习的榜样。否则，其他员工就可能会将原本简单的工作复杂化，甚至做一些表面文章，来显示自己的辛苦，进而获取表扬。从公司角度而言，公司更需要那些在工作中肯动脑子的员工。所以，公司应该鼓励员工用最简单的方法来达到自己的工作目标。总之，工作结果对公司才是真正有用的。

最后，给员工思考的时间。公司在做一件事情之前，如果决策层没有认真地进行思考，这种事情就不会干得非常出色。员工工作也是如此，如果管理者不给员工一些思考的时间，也很难让他们作好自己的工作。管理者要鼓励员工在工作时多动脑子，勤于思考。用大脑工作的员工肯定比用四肢工作的员工更有工作成绩。

总之，企业在实行流程优化过程中，必须研究整个业务流程中输入、处理、输出三个环节的内容、形式和方法。此外，流程优化体系中的评价体系不但要有定性的评价内容，还要有各种用于定量分析的相关经济指标、管理过程评测指标及其指标值。只有这样，才能使流程优化落到实处，才能实现流程优化的预期目标，从根儿上提高企业的管理水平和竞争力。

三、争取普通客户，培育优质客户

客户是企业的“衣食父母”，企业的生产、销售行为归根到底都是为了迎合顾客的需求。就盈利能力而言，优质客户强于普通客户。

优质客户是企业的重要资源，很多企业还专门成立大客户事业部来维系与优质客户之间的关系。一般来说，优质客户占整个客户群体的比例还是遵从“二八原则”，即20%的优质客户创造80%的利润。因此，我们不但要争取普通客户，而且还要注意培育优质客户。

在客户还没有形成特点之前，参与客户的合作，利用自己的优势，向客户推荐自身优势的方案，因为这些优势是我们经过长期垫铺和努力获得的，是同行们不可能在短时间内获得的。

在客户还没形成自己的模式的时候，我们切入客户，与客户合作起来，并根据自己的优势制定一些特殊的产品指标或者服务，形成门槛，相对其他同行来说，提高了他们的进入门槛。

在我们要争取的客户中，能为自己带来最大价值的客户，就是我们的优质客户。优质客户并非统一标准，比如说有的客户不怎么压价格，但是服务成本很好；有的客户压价格，但是服务成本和购买需求都很大，这个就要结合自身的资源优势和战略取向来判断哪些客户是相对优质的。

总之，利用自身的资源和战略，创造一个依附于自身的好客户比创造一个可以依附所有供应商的好客户要好得多。只要我们的方案能给客户带去更多价值，客户就不会不接受。

四、目标让员工有归属感

企业归属感通常是针对企业的员工而言的，也叫员工企业归属感。也就是指员工在企业经过一段时期的工作后，在思想、感情、心理上对企业产生了认同感、公平感、安全感、价值感、工作使命感和成就感，这些感觉最终转化为员工的企业归属感。

据报道，盖洛普组织从2000年就开始进行的归属感调查得出的结果显示，员工对于公司内部情况表示满意度的比例一直保持相对恒定——这就是不到总数的三分之一。盖洛普指出，来自其他方面的大量研究报告也可以证实，员工归属感较高的公司更容易表现出

"业务加速发展的趋势"，而与此同时，更高的归属感也可能导致对"生产效率低下"问题的容忍度上升。

从个人层面来看，员工对公司没有太多归属感的主要原因就是对上级的工作表现不满，认为他们没有做什么重要的事情，并且不认可自身的出色工作。

对于公司来说，增强员工归属感的常用方法就是对目标进行重新标定，因为目标感会让公司与员工团结起来，凝聚为一体。人们甚至将公司存在的原因定义为目标。也就是说，只有在员工了解到公司宗旨之后，才会明白自身工作将如何促进目标成功实现。

目标来源于公司领导，并贯穿到内部的方方面面。如果采用的是自上而下的模式，所谓坚定的目标并不能坚持下去；只有坚持从下到上，一步一个台阶，才能够保证目标实现。

企业归属感的形成是一个渐进、复杂的过程。其形成后将促使员工将个人目标和企业目标相融合、相统一，使员工对企业的发展目标产生强烈的认同感，从而将公司的事当成自己的事来做，最终会使企业经营目标和个人劳动目标同步实现。

五、建立职业管理机制，建立职业生涯开发与管理体系

企业建立职业管理机制和实施职业生涯管理的目的，在于调动员工积极性、帮助员工成长、挖掘员工潜力并最终促进企业发展，企业发展和个人职业能力提高又会极大地促进社会的繁荣和进步。

其作用表现为：提升员工职业能力，促进员工成长；调动员工积极性，促进组织发展；为社会培养人才，促进社会进步。事实

上，企业发展和个人发展是社会进步的前提，社会进步又为企业和个人提供了更好的发展平台，职业生涯管理系统的整体功能，就是促进组织、员工和社会的共同发展。

首先，企业要建立内部职业管理制度体系。

即企业内部职业需求公告制度，人才梯队建设制度，接班人培养制度，职业分析制度，企业内部职业管理制度，人力资本分析制度，首席员工制度，职业能力考评认证制度，职业或职务变动仪式制度。

其次，企业要建立职业生涯开发与管理制度体系。

即职业生涯发展仪式制度，职业生涯现状分析制度，职业生涯指导师制度，职业生涯评价制度，职业生涯年度会谈制度，职位、岗位轮换制度，全员职业生涯培训制度，职业生涯潜能测评制度，职业生涯发展协议制度，职业生涯现状分析制度，职业生涯规划制度，职业生涯研讨会制度，职业生涯年度会谈制度，管理人员替补制度，年度明星制度，特殊奖励制度，工作方法、工具冠名制度，工作绩效的全员评定制度和职业生涯发展师指导制度。

经济寒冬下，企业一定要趁机建立有效的职业管理机制与职业生涯管理体系，下功夫做精做强，才能在行业中立于不败之地，并在春天到来时更加充满生机和活力。

>>第二节 不放弃、不抛弃，企业与员工共迎春天

一、大自然有四季，经济也有周期

就像大自然有四季的变化一样，经济发展也有其规律，任何行业

的发展都会不断重复着复苏、繁荣、衰退、萧条的周期，谁也无法避免。

经济周期，是指经济运行中周期性出现的经济扩张与经济紧缩交替更迭、循环往复的一种现象。它分为繁荣、衰退、萧条和复苏四个阶段。

经济处于上升阶段称为繁荣，最高点为顶峰；此后经济进入下降阶段称为衰退，衰退的最低点称为谷底。经济从一个顶峰到另一个顶峰，或者从一个谷底到另一个谷底，就是一次完整的经济周期。

为什么企业家们越来越多地关心经济形势，也就是经济大环境的变化?

一个企业生产经营状况的好坏，既受其内部条件的影响，又受其外部环境的影响。一个企业，无力决定它的外部环境，但可以通过内部条件的改善，来积极适应外部环境的变化。

因此，作为企业家，必须要把握好经济周期的规律，并能制订相应的对策来适应周期的波动，否则将在波动中丧失生机。

二、企业靠员工和内功过冬

从外部来看，整个世界经济形势一片黯淡，欧债危机、美债危机和日本的经济危机，让依靠外贸来拉动中国经济增长的幻想提前破灭，而中国的内需也渐现萎缩态势，在这种情况下，中国的企业特别是中小企业该如何渡过这个糟糕的年头?

然而，或许不必过于悲观。2013 年，虽然中国经济及中国企业遭遇一些困难，但整个中国经济仍保持着高速的增长，中国的现代化进程在未来5-10年仍将得到稳定的推进，对中国企业来讲，机会仍然存在。

今天我们发现过去我们赖以生存的优势逐渐消失殆尽。我们廉价的劳动力资源和原材料，跨国公司的未充分进入，以及相对倾斜性的政策，这些都随着时间推移发生了相当大的变化。随便问一家中小企业的老板，他们都会说："生意比十年前、五年前难做了。"

寒冬，恰恰给中国企业提供了一个"锻炼身体，提升内功"的机会，而实质就是通过管理来改变长期沿循的粗放型增长模式。

好利来董事长罗红说："对饮食行业来说，金融危机对我们影响相对很小。原来，我们想建更多的分店，但由于没有商铺就难以开起来，现在一些行业不景气，正是我们发展的好机会。"更令人惊讶的是，就在一些企业纷纷裁员、减薪的时候，罗红却正准备给好利来所有店面的基层员工加薪。

一些企业家也表示，在当前的情况下，员工是"很重要的资产"。安利中国日用品有限公司中国区副总裁黄盛文强调："我们深深地相信企业的发展离不开员工集体的智慧还有共同的努力，如果有那么一天，企业被迫要裁减营运成本的时候，我相信，我们会把人力成本的删减放在最后一个考虑。"

"现在市场出现一些波动，经济出现一些困难的时候，我们更关注的是怎么依靠我们的员工，凝聚我们队伍的力量。"宝钢集团有限公司钢铁发展规划委员会常务副主任李海平说，"我们绝对不会做损害员工利益的自乱阵脚或者杀鸡取卵的事情"。

打工除了提升能力，也就是工资待遇。多数情况下，离职的员工都是感觉自己付出的和得到的并不成正比，所以才下定决心离职。当然，这部分中，也有一些是并没有什么能力只是自以为是的人，但千万不要把所有因为待遇不够好而离职的员工都当成这样。如果都跟员工谈妥，一般情况下人员流失的可能性就非常少，即使流失也是那些无痛无恙的员工，核心的管理层和公司的“顶梁柱”的员工就会比较安定。

总之，人是企业最大的资产。而在当今时代，优秀人才的流失俨然成为企业的头号危机。

在“寒冬”里，企业一定要修炼基本功，加强创新与专业服务。就是要认真学习，苦练内功，企业只有练好内功才能以不变去应万变，在复杂的环境下提高自己的生存能力。

柳传志认为，在这样的环境下，企业应该在运行管理、财务管理、制定战略方面“苦练内功”，要“一个环节一个环节做到最优化和最好”，尽管现在不敢说有这么好能力的企业就可以活下去，因为环境不可预测，但如果练好企业内功，一旦天气回暖企业就可以起来。

三、企业和员工度过寒冬，迎来明媚春天

近年以来，企业普遍的感受大概可以用两个字来形容——难熬。如何在重重压力之下得到一丝喘息，继续前进，又该如何逆向思维，在困境下占领制高点?这考验着企业的智慧和勇气。

企业普遍反映今年的情况不是很好，但究其原因，是内部原因

多于外部原因。以现在被谈论最多的中国体育品牌为例，究竟是欧债危机对其现在的困境影响大，还是品牌自身盲目扩张导致发展瓶颈呢?对于那些以销售做品牌的企业，应该重新反思，改变自己的思路，不能把扩张作为企业发展的常规模式。市场总会饱和、总会成熟，一味地靠规模扩张来发展品牌一定是有局限的。

放慢脚步才能走得更远。

同时，坚持和乐观很重要，不要看到一年两年的业绩下滑，就乱了手脚，心态一定要平和。特别是，千万不能在这个时候裁员，这对一个处于困难期的企业来说，是一个致命性的错误，因为稳定人心此刻是最重要的，也不能马上改变既有的全部发展策略、产品和渠道等，这都是让企业无法回头的错误的做法。相反，这个时候要反思并找到自己现在的优势在哪儿。

中国的品牌在成长过程中，经历了太长时间的顺境。但有哪一个行业是在十几、二十几年的时间里能一直增长的呢?

所以，对于当下中国的品牌，应该放慢脚步，反思自己的发展方式，夯实基础，在危机中积蓄能量，沉淀之后等待升华。世界上很多成功的企业都是在经济低谷时积累能量并最终爆发起来的，从美国和欧洲的大企业发展史可以得到佐证。

延伸阅读

作者：梁云福 向少兰

出版社：世界知识出版社

【内容提要】

《中华校训大观》是一部全面解读中国学校校训的文化类图书。全书内容包括校训新识、校训溯源、校训探微、校训撷英、校训荟萃、校训建言等部分，介绍了中国校训的起源，阐释了校训的主要内容和特点，分析了校训对中国教育的影响，同时辑录了一些比较经典的校训，为中国校训文化的发展，以及对中国学校教育的深远意义提供了有益的思考和启示。

[精彩内容]

卷一　校训新识

卷二　校训溯源

卷三　校训探微

卷四　校训撷英

卷五　校训荟萃

卷六　校训建言

后记

延伸阅读

作者：潘灯

出版社：世界知识出版社

【内容提要】

纷繁复杂的世界总是不断地诱惑着我们向外看，而忽视了内心的观照，殊不知内心的能量强大无比。所以人之向往的成功和幸福总是与大部分人擦肩而过，唯恐避之不及的失败和不幸却不时光顾他们。何以如此呢?

“悟”者，乃“吾心”也。在某种意义上讲，一个人一生成就的大小以及幸福与否，都取决于其对内心这座宝藏的开发程度。本书是一部讲“开悟”的书，处处围绕着“心”而展开，帮助人们开发心灵的资源，让人们的内心变得更加强大。所谓的“开悟”就是打开了心灵之门，见到了自己的本心本性，也就是“明心见性”。本书的道理，像一道明亮的阳光，能够把很多人的“心”照亮!

[精彩内容]